精解演習
進数計算

コンピュータ内部のデータ表現・演算

のすべてが分かる演習問題解説書

草野　　泰秀　著

まえがき

　本書は，情報について学習しようと考えている方，情報系の高等学校や大学でコンピュータの基礎知識であるコンピュータ内部のデータ表現や演算を現在学習されている方たちにとって，理解の助けとなるように丁寧に途中計算式を入れて解説しています。

　また，進数の基数変換だけでなく，最近重要視されている，ビッグデータ処理に必要な磁気ディスクの容量計算，アクセス時間計算をはじめ，ネットワークにおいて重要な IP アドレス計算，コンピュータの処理速度なども入れています。例題，演習形式ですので即実践に役立ちます。

　具体的には，国家試験の基本情報技術者試験，情報技術検定試験，就職試験に出題される情報の基礎的な問題から応用的な問題までまず例題を出して，その解説を図なども使用して丁寧に解説しました。次に，その類題を問題として出題して，理解できているか確認できるようにしました。解答解説は最後の章に途中の計算式まで詳しく入れています。

　近い将来，人口知能が人間の知能を超える時は，そう長くはないといわれています。コンピュータ自身が，ディープラーニングで学習して進化を遂げています。その人工知能を構成しているコンピュータの中身は，どのような計算をしているのか興味はありませんか。

　どんな複雑な計算も，基本的にはコンピュータは，たった0と1だけの加算『0+0＝0，0+1＝1，1+1＝10（数字の十ではありません。2進数の桁が上がった「いちぜろ」です）』の計算で処理しています。

　たとえば，次のようないきなり複雑な計算をあなたは１６進数で，すぐに正解がだせるでしょうか？

$$(A5C)_{16} \div (10)_{16} \times (5)_{10} =$$

　この式は１６進数 A5C を１６進数の 10 で割り，その値に１０進数の５をかける計算ですが，このような複雑な計算を学生さんは住んでいる世界が１０進数ですから，すべて１０進数に直して計算をして，最後にそれを１６進数にするので，計算間違いが多いのです。

　ところが，このような複雑な計算も，コンピュータ内で処理するような計算をすれば，上記の０と１の加算とシフト（桁移動）だけで，答えが簡単にだせます。まさに「目から鱗」のような解答解説をしています。

　たとえば，この計算で５倍するという処理がありますが，ある２進数 X を５倍する計算を，コンピュータ内で処理する計算でしますと，２進数 X を２ビット左シフト（２桁左移動）して，X を加える操作でできます。

　その理由はこの本で詳しく説明しています。本書を読み，しっかりと理解され，今後の学習に役立ててくださることを願っています。

２０１６年６月１５日

草野　泰秀

目次

2進数

1-1　正の2進数

コンピュータの内部では，2種類の電圧高低を1と0に対応させている。0と

1の2つの数字の組み合わせで数を表現する方法を2進数といい，2進法で表現

された数値を2進数という。

一般にn桁の数はrを基数，dをディジットとして，次のように表される。

$$d_n \times r^{n-1} + d_{n-1} \times r^{n-2} + \cdots + d_1 \times r^n$$

n桁の小数以下の数は，次のように表される。

$$d_{-1} \times r^{-1} + d_{-2} \times r^{-2} + \cdots + d_{-n} \times r^{-n}$$

2進数の場合，基数が2であり，ディジッ

トは1または0である。

次の表は，4ビットの正の数について，

10進数と2進数の対応表である。

１０進数	２進数
0	0 0 0 0
1	0 0 0 1
2	0 0 1 0
3	0 0 1 1
4	0 1 0 0
5	0 1 0 1
6	0 1 1 0
7	0 1 1 1
8	1 0 0 0
9	1 0 0 1
1 0	1 0 1 0
1 1	1 0 1 1
1 2	1 1 0 0
1 3	1 1 0 1
1 4	1 1 1 0
1 5	1 1 1 1

例題 1-1　2 進数を 10 進数に変換

例題 1-1　2 進数　101101　を 10 進数にしなさい。

【解】左から各桁の位が 2^5 2^4 2^3 2^2 2^1 2^0 となるので

2^5 2^4 2^3 2^2 2^1 2^0

1　0　1　1　0　1

$1 \times 2^5 + 0 \times 2^4 + 1 \times 2^3 + 1 \times 2^2 + 0 \times 2^1 + 1 \times 2^0 = 32 + 8 + 4 + 1$

$= 45$

例題 1-2　2 進小数を 10 進数に変換

例題 1-2　2 進数　0.101 を 10 進数にしなさい。

【解】左から各桁の位が 2^{-1} 2^{-2} 2^{-3} となるので

2^{-1} 2^{-2} 2^{-3}

0.1　0　1

$1 \times 2^{-1} + 0 \times 2^{-2} + 1 \times 2^{-3} = 0.5 + 0.125 = 0.625$

1-2　負の 2 進数

コンピュータは，電圧の高低 1 と 0 のみで表現する 2 進数で計算している。

0と1の2つの状態しか持たない情報量の最小単位をビットといい，2進数の1桁に相当する。

1語4ビットで，負の数から正の数を表現する場合，最上位ビットが0のとき正の数，1のとき負の数とする2の補数で表現する。

先頭ビットを符号とした場合の4ビットの10進数と2進数の対応表を次表に表した。

表2.1　10進数と2進数の表

１０進数	２進数
7	0 1 1 1
6	0 1 1 0
5	0 1 0 1
4	0 1 0 0
3	0 0 1 1
2	0 0 1 0
1	0 0 0 1
0	0 0 0 0
−1	1 1 1 1
−2	1 1 1 0
−3	1 1 0 1
−4	1 1 0 0
−5	1 0 1 1
−6	1 0 1 0
−7	1 0 0 1
−8	1 0 0 0

10進数6を4ビットの2進数で表すと0110である。−6は+6の2進数0110の2の補数を求める。2の補数の求め方は0と1を反転して1を加えればよい。

```
０と１を反転する    1001
                  +    1
                   1010
```

　2の補数を求める最も早い方法（裏技）を書くのでこれを覚えておけば，大変

役に立ちます。

```
【2の補数を求める裏技】
右から見て，最初に現れる1までそのままで
以後1と0を反転する。
```

具体的に 6 について裏技を適用すると

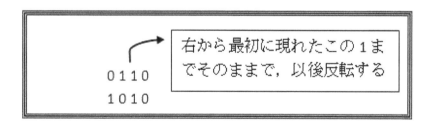

上記のように 1010 となる。

例題 1-3　負の４ビットの２進数を 10 進数に変換

例題 1-3　４ビットの負の２進数 1010 を 10 進数に変換しなさい。

【解】2 進数 1010 の 2 の補数を求める。

①　2 進数 1010 を反転すると　0101　となる。

② 0101＋1＝0110 である。

これは，10 進数の 6 である。答えは，先頭ビットが 1 で負なので - 6 である。

例題 1-4　負の 8 ビットの 2 進数を 10 進数に変換

例題 1-4　8 ビットの負の 2 進数 11101101 を 10 進数に変換しなさい。

【解】2 進数 11101101 の 2 の補数を求める。

裏技より，即補数は 00010011 となる。この 2 進数を 10 進数にする。

16+2+1＝19 となり，答えは-19 となる。

例題 1-5　負の 10 進数を 8 ビットの 2 進数に変換

例題 1-5　負の 10 進数-17 を 8 ビットの 2 進数に変換しなさい，

【解】次の手順で求めればよい。

① まず，10 進数 17 を 2 進数に変換する。下図のように 17 を 2 で割って余りを

書いて行き，矢印の方向に大きい位から書けばよい。したがって，10 進数 17

は，2 進数では，10001 となる。2 進数 10001 を 8 ビットで表すと，0 を付加して

00010001 となる。00010001 の 2 の補数を求めると，答え 11101111 となる。

例題 1-6　2 進数と補数の和

例題 1-6　Aの2 の補数 Ā=1011 であり，E=1101 であるとき，E の 2 の補数 Ē と A の和を求めよ。すなわち次の式を計算せよ（2 進数で答えよ）　　A+Ē=

【解説】A の 2 の補数 Ā=1011 から A を求めるには Ā=1011 の 2 の補数を求めればよい。よって A=0101, E の 2 の補数は Ē=0011，よって

$$
\begin{array}{r}
0101 \\
+0011 \\
\hline
=1000
\end{array}
$$

答え（　1000　）

1-3　2 進数の演算

例題 1-7　2 進数の和

例題 1-7　次の 2 進数 1001 と 101 の和を 2 進数で求めなさい。

【解】1 桁目の和は 10 進数で 2 となり，2 進数では桁が 1 つ上がって 0 となる。

$$
\begin{array}{r}
1001 \\
+\ \ 101 \\
\hline
1110
\end{array}
$$

答え（　1110　）

例題 1-8　2 進数の差

例題 1-8　次の 2 進数 1100 から 1011 を引いた差を 2 進数で求めなさい。

【解】引く数 1011 の 2 の補数を加算して，4 ビットより前に出た 1 を入れない 2 進数が答えである。

$$1100 \qquad\qquad 1100$$

$$\underline{-1011} \qquad \rightarrow \qquad \underline{+1011}$$

$$10001$$

答え（ 0001 ）

例題 1-9　2進数の積

例題 1-9　次の 2 進数 1001 と 101 の積を 2 進数で求めなさい。

【解】

$$1001$$

$$\underline{\times\ 101}$$

$$1001$$

$$0000$$

$$\underline{1001}$$

$$101101$$

答え（ 101101 ）

例題 1-10　2 進数の商

例題 1-10　次の 2 進数 11001 を 101 で割った商を 2 進数で求めなさい。

【解】

$$
\begin{array}{r}
101 \\
101\,\overline{)\,11001} \\
-101 \\
\hline
101 \\
-101 \\
\hline
0
\end{array}
$$

答え（　101　）

1-4 シフト演算

・論理演算

例題 1-11　符号なしデータの 2 の 2 乗倍（論理左シフト）

例題 1-11　4 ビットコンピュータにおいて，符号なし 2 進数 0011 を 2^2 倍した結果を 2 進数で求めなさい。

【解】一般に，符号なしの 2 進数を 2^n 倍するには，左に n ビットシフトする。

したがって，この例題では 2^2 倍なので，2 ビット左にシフトすればよい。

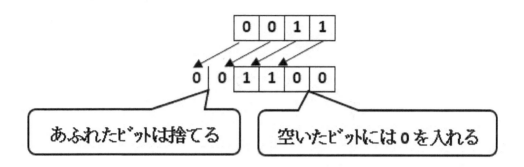

答え(1100)

例題 1-12 　符号なしデータを 2 の 2 乗で割る（論理右シフト）

例題 1-12 　4 ビットコンピュータにおいて，符号なし 2 進数 1100 を 2^2 で割った結果を 2 進数で求めなさい。

【解】一般に，符号なしの 2 進数を 2^n で割るには，右に n ビットシフトする。

したがって，この例題では 2^2 で割るので，2 ビット右にシフトすればよい。

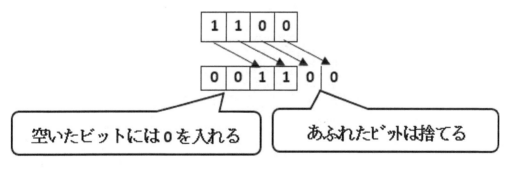

答え(0011)

・算術演算

例題 1-13 　符号付きデータの 2 の 2 乗倍（算術左シフト）

例題 1-13 　4 ビットコンピュータにおいて，符号付き 2 進数 1110

（10 進数で-2）を 2^2 倍した結果を 2 進数で求めなさい。

【解】一般に，符号付きの 2 進数を 2^n 倍するには，符号ビットを固定して，他のビットはすべて左に n ビットシフトする。

したがって，この例題では2^2倍なので，2ビット左にシフトすればよい。

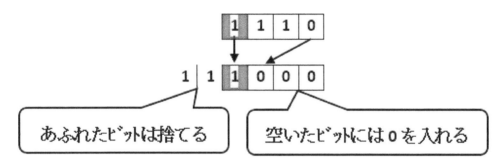

答えは1000となり，10進数で-8となる。

答え(1000)

例題1-14　符号付きデータを2の2乗で割る（算術右シフト）

> 例題1-14　4ビットコンピュータにおいて，符号付き2進数1000
> （10進数で-8）を2^2で割った結果を2進数で求めなさい。

【解】一般に，符号付きの2進数を2^n割るには，空いたビットに符号ビットと同じ値を入れて，他のビットはすべて右にnビットシフトする。

したがって，この例題では2^2で割るので，2ビット右にシフトすればよい。

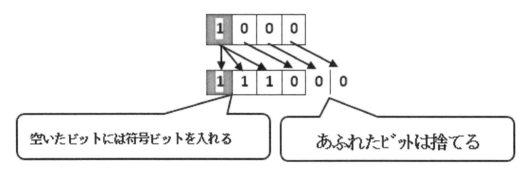

よって，答えは2進数で1110となり，10進数では-2となる。

答え(1110)

1-5　10進数を2進数に変換

例題1-15　10進数を2進数に変換

> 例題1-15　10進数19を2進数に変換しなさい。

【解】図 3-1 のように 19 を 2 で割って余りを書いて行き，矢印の方向に大きい位から書けばよい。したがって，10 進数 19 は，2 進数では，10011 となる。

```
2)19
 2) 9・・・・1    ↑
 2) 4・・・・1    |
 2) 2・・・・0    |
 2) 1・・・・0    |
    0・・・・1    |
```

図 3-1 2 進数変換

【別解】【2 進数変換裏技】次の手順で解く。

①　2^4 2^3 2^2 2^1 2^0 の位 16 8 4 2 1 を書く。次に 19 から最大に位 16=2^4 を引く。引くことができた位の下に 1 を書く。

②　19 から 16 を引いた答え 3 から 8 は引けないので，8 の位の下に 0 を書く。

③　3 から 4 も引けないので，引けない位 4 の下に 0 を書く。

④　3 から 2 は引けるので，引けた位 2 の下に 1 を書く。

⑤　3 から 2 を引いた答え 1 から 1 は引けるので 1 の位の下に 1 を書く。

各位の下の数 10011 が答えである。このように全ステップを説明すると，別解の方が手間がいるように見える。

　しかし，この方法に慣れると，①で 16 の位に 1 を書いた後，残りの 3 は 2 の位と 1 の位に分けられるので一気に 10011 の答えがでる。この方法は，特に 10 進数の数値が大きい値になると早く正確に変換できる。

```
  19                    16 8 4 2 1

 -16                     1 0 0 1 1

   3
```

例題 1-16　10 進小数を 2 進数に変換

例題 1-16　10 進数 0.34375 を 2 進数に変換しなさい。

【解】0.34375 に 2 をかけて，図 3-2 に示すよ

うに整数部分を右側に書きだす。残った小数

部分 0.6875 を下に書いて 2 を掛ける。整数部

分の 1 を右に書いて，残った小数部分 0.375 を

下に書く。以後図 3-2 に示すように小数部分が

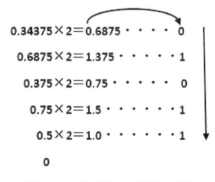

図 3-2　10 進小数を 2 進数に変換

0 になるまで繰り返す。答えは，位の一番高い小数第 1 位から矢印の方向に，右

側の整数を書いていく。したがって，答えは 0.01011 となる。

例題 1-17　10 進数の整数と小数を含んだ数を 2 進数に変換

例題 1-17　10 進数 258.75 を 2 進数に変換しなさい。

【解】10 進数の整数部分 258 と小数部分 0.75 に分けて計算する。

　　①整数部分 258 を 2 進数に変換する。258 から 256 を引くと 2 となり，

256 の位が 1 となり，　2 の位が 1 となる。

258		256	128	64	32	16	8	4	2	1
-256		1	0	0	0	0	0	0	1	0
2										

図3-3　10進数を2進数に変換

整数部分は **100000010** となる。

②**0.75** を 2 進数に変換する。

$$0.75 \times 2 = 1.5 \cdot \cdot \cdot \cdot 1$$

$$0.5 \times 2 = 1.0 \cdot \cdot \cdot \cdot 1$$

$$0$$

$$0.75 = (0.11)_2$$

図3-4　小数部分を2進数に変換

　したがって，答えは整数部分と小数部分を合わせて

100000010.11 となる。

第1章　問題

問題1-1　2進数を10進数に変換

問題　**1-1**　次の2進数を10進数にしなさい。

1010111

問題1-2　2進小数を10進数に変換

問題 **1-2**　次の2進小数を10進数にしなさい。

0.1101

問題1-3　小数を含んだ2進数を10進数に変換

問題 **1-3**　次の2進数を10進数にしなさい。

① 1111.1011

② 1110.11

③ 1 0000 0000

④ 1111 1111

⑤ 1111 1110

⑥ 1111 1100

⑦ 1111 1000

問題 1-4   4 ビットの負の 2 進数 10 進数に変換

問題 1-4   4 ビットの負の 2 進数 1011 を 10 進数に変換しなさい。

問題 1-5   8 ビットの負の 2 進数を 10 進数に変換

問題 1-5   8 ビットの負の 2 進数 1101 0011 を 10 進数にしなさい。

問題 1-6   10 進数を 2 進数に変換

問題 1-6   10 進数 33 を 2 進数にしなさい

問題 1-7   負の 10 進数を 8 ビットの 2 進数に変換

問題 1-7   負の 10 進数-33 を 8 ビットの 2 進数にしなさい。

問題 1-8   10 進数を 2 進数に変換

問題 1-8   10 進数 0.875 を 2 進数にしなさい。

問題 1-9   小数を含んだ 10 進数を 2 進数に変換

問題 1-9   10 進数 30.875 を 2 進数にしなさい。

問題 1-10　2 進数の和

問題 1-10　次の 2 進数 1101 0001 と 1010 1101 の和を 2 進数で求めなさい。

問題 1-11　2 進数の差

問題 1-11　次の 2 進数 1101 0001 から 1010 1101 を引いた差を 2 進数で求めなさい。

問題 1-12　2 進数の積

問題 1-12　次の 2 進数 1101 1001 と 101 の積を 2 進数で求めなさい。

問題 1-13　2 進数の商

問題 1-13　次の 2 進数 1100100 を 101 で割った商を 2 進数で求めなさい。

問題 1-14 符号なし 2 進数の 2 の 3 乗倍

問題 1-14　4 ビットコンピュータにおいて，符号なし 2 進数 0001 を 2^3 倍した結果を 2 進数で求めなさい。

問題 1-15　2 進数を 2 の 3 乗で割る

問題 1-15　4 ビットコンピュータにおいて，符号なし 2 進数 1000 を 2^3 で割った結果を 2 進数で求めなさい。

問題 1-16　符号付き 2 進数を 2 の 3 乗倍

問題 1-16　4 ビットコンピュータにおいて，符号付き 2 進数 1111（10 進数で-1）を 2^3 倍した結果を 2 進数で求めなさい。

問題 1-17　符号付き 2 進数を 2 の 3 乗で割る

問題 1-17　4 ビットコンピュータにおいて，符号付き 2 進数 1000（10 進数で-8）を 2^3 で割った結果を 2 進数で求めなさい。

第2章　8進数

10進数と8進数の対応表は，次の通りである。

10進数	1	2	3	4	5	6	7	8	9	10	11	12	13	14	15	16
8進数	1	2	3	4	5	6	7	10	11	12	13	14	15	16	17	20

10進数と8進数の対応表

8進数は，上記の表のように7から8になるときに，桁があがる。8進数の１１４は10進数にすると，

$1×8^2+1×8^1+4×8^0＝64+8+4＝76$

となる。

例題2-1　8進数を10進数に変換

例題2-1　8進数1224を10進数に変換しなさい。

【解】左から各桁の位が $8^3,8^2,8^1,8^0$ となるので

$$8^3\quad 8^2\quad 8^1\quad 8^0$$

$$1\quad 2\quad 2\quad 4$$

$1×8^3+2×8^2+2×8^1+4×8^0=512+128+16+4=660$

となる。

例題2-2　10進数を8進数に変換

例題2-2　10進数100を8進数に変換しなさい。

【解】100を8で割って余りを下から書いていく。

```
8)100
 8) 12 ・・・・4      ↑
 8)  1 ・・・・4
     0 ・・・・1
```

図 2.2 10 進数 100 を 8 進数に変換

したがって，答えは 8 進数は 144 となる。

例題 2-3　8 進小数を 10 進小数に変換

例題 2-3　8 進小数 0.14 を 10 進小数に変換しなさい。

【解】左から各桁の位が 8^3 ,8^2,8^1 ,8^0 となるので

$$8^{-1}\ 8^{-2}$$

$$0\ .\ 1\ 4$$

$1×8^{-1}+4×8^{-2}=0.125+0.0625＝0.1875$

となる。

例題 2-4　整数と小数を含んだ 8 進数を 10 進数に変換

例題 2-4　8 進数 73.56 を 10 進に変換しなさい。

【解】左から各桁の位が 8^1 ,8^0,8^{-1} ,8^{-2} となるので

$$8^1\ 8^0\ 8^{-1}\ 8^{-2}$$

$$7\ 3.5\ 6$$

$7×8^1+3×8^0+5×8^{-1}+6×8^{-2}=56+3+0.625+0.09375=59.71875$

となる。

例題 2-5　8 進数を 2 進数に変換

例題 2-5　8 進数 7531 を 2 進数に変換しなさい。

【解】8 進数の各桁を 3 ビットの 2 進数に変換する。

7	5	3	1
1 1 1	1 0 1	011	001

したがって，答えは 111 101 011 001 となる。

例題 2-6　整数と小数を含んだ 8 進数を 2 進数に変換

例題 2-6　8 進数 73.56 を 2 進に変換しなさい。

【解】8 進数の各桁を 3 ビットの 2 進数に変換する。

7	3	5	6
1 1 1	011	101	110

したがって，答えは 111 011.101 110 となる。

例題 2-7　負の 10 進数を 8 進数に変換

例題 1-5　負の 10 進数-17 を 8 進数に変換しなさい，

【解】-17 を 2 進数に変換して，3 桁ごとに区切って 8 進数にする。

　まず，10 進数 17 を 2 進数に変換する。下図のように 17 を 2 で割って余りを

```
2)17
2)8 ・・・1
2)4 ・・・0
2)2 ・・・0
2)1 ・・・0
  0 ・・・1
```

書いて行き，矢印の方向に大きい位から書けばよい。したがって，10 進数 17

は，2 進数では，10001 となる。2 進数 10001 を 8 ビットで表すと，0 を付加して

00010001 となる。00010001 の 2 の補数を求めると，2 進数は 11101111 となる。

この 2 進数を 3 桁ごとに区切る。3 桁に足らないところは 0 を付加する。

011	101	111
3	5	7

したがって，答えは，357 となる。

第 2 章　問題

問題 2-1　8 進数を 10 進数に変換

問題 2-1　次の 8 進数を 10 進数に変換しなさい。

① 375

② 0.71

③ 561.34

問題 2-2　8 進数を 2 進数に変換

問題 2-2　次の 8 進数を 2 進数に変換しなさい。

① 234

② 0.765

③ 35.73

問題 2-3　10 進数を 8 進数に変換

問題 2-3　次の 10 進数を 8 進数に変換しなさい。

① 253

② 0.75

③ 255.5

第3章　16進数

3-1　16進数を10進数に変換

　コンピュータ内部では，すべて2進数であるが，これを人間が知ろうとするには，桁が長く非常に大変である。コンピュータ内部の状態を，人間に分かりやすい表現として使用されるのが16進数である。16進数は次表の10進数と16進数の対応表のとおりである。10進数の10から15までは16進数ではAからFに対応する。F（16）になると桁があがり，10となる。

10進数	16進数
0	0
1	1
2	2
3	3
4	4
5	5
6	6
7	7
8	8
9	9
10	A
11	B
12	C
13	D
14	E
15	F
16	10

図3-1　10進数と16進数の対応表

例題3-1　１６進数を１０進数に変換

例題3-1　１６進数３Ａ８を１０進数に変換しなさい。

【解】左から各桁の位が 16^2 ,16^1 ,16^0 となるので

$$16^2 \quad 16^1 \quad 16^0$$

$$3 \quad A \quad 8$$

$3×16^2+10×16^1+8×16^0=768+160+8=936$

となる。

例題3-2　１６進数小数を１０進数に変換

例題3-1　１６進数０．Ｅ７４を１０進数に変換しなさい。

【解】左から各桁の位が 16^{-1} ,16^{-2} ,16^{-3} となるので

$$16^{-1} \quad 16^{-2} \quad 16^{-3}$$

$$0. \quad E \quad 7 \quad 4$$

$14×16^{-1}+7×16^{-2}+4×16^{-3}=0.875+0.02734375+0.0009765625=0.9033203125$

となる。

例題3-3　小数を含んだ１６進数を１０進数に変換

例題3-3　１６進数２Ｂ７．Ｃを１０進数に変換しなさい。

【解】左から各桁の位が 16^2 ,16^1 ,16^0 となるので

$$16^2 \quad 16^1 \quad 16^0 \quad 16^{-1}$$

$$2 \quad B \quad 7. \quad C$$

$2×16^2+11×16^1+7×16^0+12×16^{-1}=512+176+7+0.75=695.75$

となる。

3-2　１６進数を２進数に変換

例題3-4　１６進数を２進数に変換

例題3-4　１６進数ＡＢ７５を２進数に変換しなさい。

【解】16進数の各桁を**4ビットの2進数**に変換する。

A	B	7	5
1010	1011	0111	0101

したがって，答えは **1010 1011 0111 0101** となる。

例題3-5　小数を含んだ１６進数を２進数に変換

例題3-5　１６進数ＣＤ．７３を２進数に変換しなさい。

【解】16進数の各桁を**4ビットの2進数**に変換する。

C	D	7	3
1100	1101	0111	0011

したがって，答えは **1100 1101. 0111 0011** となる。

3-3　１０進数を１６進数に変換

例題3-6　１０進数を１６進数に変換

例題3-6　１０進数５３を１６進数にしなさい。

【解】１０進数を５３を１６で割っていき余りを下から書いていけばよい。

```
16) 53
16)  3 ・・・・5  ↑
     0 ・・・・3
```

図3-6 １０進数を１６進数に変換

したがって，答えは 35 となる。

例題 3-7　小数を含んだ 10 進数を 16 進数に変換

例題 3-7　１０進数２５２．５を１６進数に変換しなさい。

【解】10 進数 252.5 を 2 進数に変換すると

　　　1111　1100.1

となる。

　この 2 進数の小数点を基準にして 4 桁ごとに区切って 16 進数に変換する。

1111	1100	1000
F	C	8

したがって，答えは **FC.8** となる。

3-4　１６進数を８進数に変換

例題 3-8　１６進数を 8 進数に変換

例題 3-8　１６進数ＡＢ７５を8進数に変換しなさい。

【解】16 進数の各桁を **4 ビット**の **2 進数**に変換する。

A	B	7	5
1010	1011	0111	0101

したがって，2 進数は **1010 1011 0111 0101** となる。この 2 進数を 3 桁ごとに区切って 8 進数に変換する。

001	010	110	101	110	101
1	2	6	5	6	5

したがって，答えは **126565** となる。

例題 3-9　１６進数小数を 8 進数に変換

例題 3-1　１６進数０．Ｅ７４を8進数に変換しなさい。

【解】１６進数０．Ｅ７４の各4桁の2進数に変換する。

0	.	E	7	4
0		1110	0111	0100

変換された２進数 0.1110 0111 0100 を小数点を基準にして３桁ごとに区切って８

0	111	001	110	100
0	7	1	6	4

進数にする。

したがって，答えは **0.7164** となる。

例題 3-10　小数を含んだ１６進数を８進数に変換

例題 3-10　１６進数ＣＤ．７３を８進数に変換しなさい。

【解】16 進数の各桁を **4** ビットの **2** 進数に変換する。

C	D	7	3
1100	1101	0111	0011

011	001	101	011	100	110
3	1	5	3	4	6

２進数 **1100 1101. 0111 0011** を小数点を基準にして３桁ごとに区切って８進数に変換する。

したがって，答えは，**315.346** となる。

3-5　負の１０進数，２進数，８進数等を１６進数へ変換

例題 3-11　負の 10 進数を 16 進数に変換

例題 3-11　負の 10 進数-17 を 16 進数に変換しなさい，

【解】**-17** を２進数にして，4 桁ごとに区切って 16 進数に変換する。

まず，**10** 進数 **17** を２進数に変換する。下図のように **17** を２で割って余りを

```
2)17
2)…8 ・ ・ ・ 1
2)…4 ・ ・ ・ 0
2)…2 ・ ・ ・ 0
2)…1 ・ ・ ・ 0
……0 ・ ・ ・ 1
```

書いて行き，矢印の方向に大きい位から書けばよい。したがって，10 進数 17

は，2 進数では，10001 となる。2 進数 10001 を 8 ビットで表すと，0 を付加して

00010001 となる。00010001 の 2 の補数を求めると，-17 の 2 進数は 11101111 とな

る。この2進数を4桁ごとに区切る。

1110	1111
E	F

よって，答えは，EF となる。

例題 3-12　2 進数を 16 進数に変換

例題 3-12　　2 進数 1110 1001 1010 0111 を 2 進数に変換しなさい。

【解】 2 進数 1110 1001 1010 0111 を 4 桁ごとに区切って１６進数にする。

1110	1001	1010	0111
8+4+2+0	8+0+0+1	8+0+2+0	0+4+2+1
E	9	A	7

4 桁ごとの２進数を１０進数にして１０を超えると 10 を A，11 を B，12 を C，

13 を D，14 を E，15 を F にする。

したがって，答えは，**E9A7** となる。

例題 3-13　小数を含んだ２進数を 16 進数に変換

例題 3-13　２進数 1110 1001 1010 0111. 111 を２進数に変換しなさい。

【解】２進数 1110 1001 1010 0111. 111 を小数点を基準にして４桁ごとに区切って１６進数にする。４桁に足らないところは０を付加する。

1110	1001	1010	0111	● 1110
8+4+2+0	8+0+0+1	8+0+2+0	0+4+2+1	8+4+2
E	9	A	7	E

４桁ごとの２進数を１０進数にして１０を超えると **10** をA，**11** をB，**12** をC，**13** をD，**14** をE，**15** をFにする。

したがって，答えは，**E9A7.E** となる。

例題 3-14　８進数を１６進数に変換

例題 3-14　８進数 7531 を 16 進数に変換しなさい。

【解】**8** 進数の各桁を **3** ビットの **2** 進数に変換し，その２進数を４桁ごとに区切って１６進数に変換する。

7	5	3	1
111	101	011	001

したがって，２進数は **111 101 011 001** となる。この２進数を４桁ごとに区切って

1111	0101	1001
F	5	9

よって，答えは，**F59** となる。

第３章　問題

問題 3-1　１６進数を１０進数に変換

問題 3-1　次の１６進数を１０進数に変換しなさい。

① **7F**

② 0.E4

③ 3A.8

問題 3-2 １６進数を２進数に変換

問題 3-2 問題 3-1 の①〜③の１６進数を２進数に変換しなさい。

① 7F

② 0.E4

③ 3A.8

問題 3-3 １０進数を１６進数に変換

問題 3-3 次の１０進数を１６進数に変換しなさい。

① 250

② 0.75

③ 250.75

問題 3-4 １０進数を８進数に変換

問題 3-4 問題 3-3 の①〜③の１０進数を８進数にしなさい。

① 250

② 0.75

③ 250.75

問題 3-5 １６進数を８進数に変換

問題 3-5 問題 3-2 の①〜③の１６進数を８進数にしなさい。

① 7F

② 0.E4

③ 3A.8

問題 3-6 ２進数を１６進数に変換

問題 3-6 次の２進数を１６進数に変換しなさい。

① 1100 1010 0111

② 0.1011 01

③　1100 1010 0111.1011 01

問題 3-7　８進数を１６進数に変換

問題 3-7　次の８進数を１６進数に変換しなさい。

①　734

②　0.42

③　734.42

問題 3-8　負の１０進数を１６進数に変換

問題 3-8　８ビットコンピュータにおいて，負の１０進数−66を１６進数に変換しなさい。次の手順で求めなさい。

①　+66 を２進数に変換する。

②　①の２進数の２の補数を求める。

③　②の２進数を４桁ごとに区切って１６進数に変換する。

第４章　その他の表記

データの表現形式は次のように分類できる。

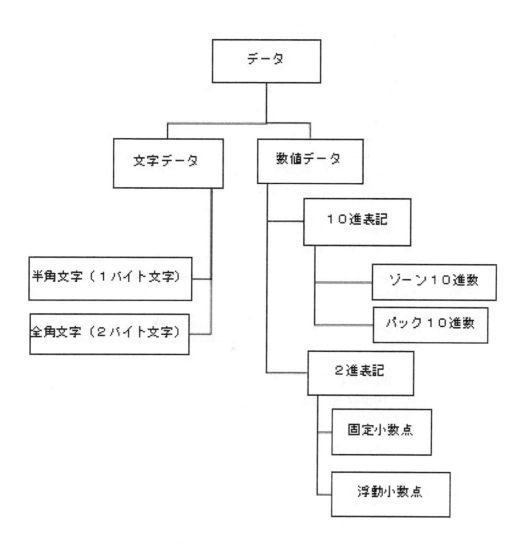

図 4-1□データの表現形式

4-1　2進化10進数（BCD）

2進化10進数とはコンピュータにおいて数値の表現方式の一つであり、10進法の1桁を、0から9までを表す2進法の4桁で表したものである。

「BCD」などとも呼ばれる。次に10進数と2進化10進数の対応表を示す。

10進数	2進化10進数（BCD）
1	0001
2	0010
3	0011
4	0100
5	0101
6	0110
7	0111
8	1000
9	1001
10	0001 0000
11	0001 0001
12	0001 0010
13	0001 0011
14	0001 0100
15	0001 0101
16	0001 0110

図3-1　2進化10進数対応表

例題4-1　10進数を2進化10進数で表現

例題4-1　10進数9571を2進化10進数で表現しなさい。

【解】10進数の各桁を4ビットの2進数に変換する。

9	5	7	1
1001	0101	0111	0001

したがって，答えは **1001 0101 0111 0001** となる。

4-2　ゾーン10進数

　ゾーン10進数とは，10進数の1桁を1バイトで表現する形式である。各けたに対応する1バイトの下位4ビットには2進化10進コードを格納し，上位4ビットにはゾーンビットを格納する。ただし，最下位けたの上位4ビットには符号を表す符号ビットを格納する。ゾーンビットおよび符号ビットは，コンピュータで使用される文字コードなどにより異なる。ゾーン10進数を利用する汎用コンピュータでは，ゾーンビットに1111（F），符号ビットとして正（＋）ならば1100を，負（－）ならば1101を格納する。

46

例題4-2　正の１０進数をゾーン１０進数形式で表現

例題4-2　正の１０進数９８８をゾーン１０進数で表現しなさい。

【解】下図のようにゾーンビットに 1111 を入れ，符号ビットに＋（1100）を入れる。その他には，988 の各位に２進化１０進数を入れる。

1111	1001	1111	1000	1100	1000
ゾーンビット	9	ゾーンビット	8	＋	8

例題4-3　負の１０進数をゾーン１０進数形式で表現

例題4-3　負の１０進数 - ３７９１をゾーン１０進数で表現しなさい。

【解】下図のようにゾーンビットに 1111 を入れ，符号ビットに-（1101）を入れる。その他には，3791 の各位に２進化１０進数を入れる。

1111	0011	1111	0111	1111	1001	1101	0001
ゾーンビット	3	ゾーンビット	7	ゾーンビット	9	-	1

4-3　パック１０進数

　１バイトで10進数の２けたを表現する形式である。各けたを２進化10進コードで表すのはゾーン10進数と同じであるが，符号を最下位の４ビットで表し，バイト単位にならない場合は０を挿入してバイト単位にする。一般に，コンピュータの入出力にはバイト単位のゾーン10進数が使用され，内部の計算処理には，パック10進数が使用される。

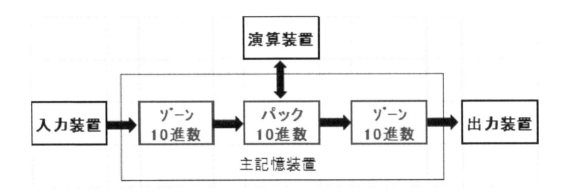

例題4-4　正の10進数をパック10進数形式で表現

例題4-4　正の10進数５３８をパック１０進数形式で表現しなさい。

【解】下図のように符号部分以外には２進化１０進数を入れている。

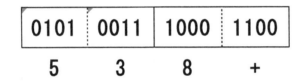

0101	0011	1000	1100
5	3	8	+

例題4-5　負の10進数をパック10進数形式で表現

例題4-5　負の10進数３７５９をパック１０進数形式で表現しなさい。

【解】下図のように符号部分以外には２進化１０進数を入れている。この場合にはバイト単位にならないので，バイト単位にするために４ビット分 **0000** を付加していることに注意してほしい。

0000	0011	0111	0101	1001	1101
0	3	7	5	9	−

4-4 浮動小数点形式

　実数の表現形式として，浮動小数点形式がある。これは，小数点数と指数を使った表現方法である。

すなわち，実数を

$$\mp a \times 16^b$$

の形式で近似的に表現する。ここでaを仮数，bを指数，16を基数という。

aを $(0.1)_{16}$ 以上 $(1.0)_{16}$ 未満の小数点数に限定すると，aは一意に決定できる。これを正規化という。

そして，4バイトの浮動小数点形式では，仮数部の符号と指数部，仮数部を次図に示す形式で表現する。

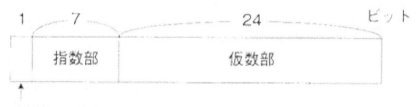

　ここで，先頭1ビットが仮数部の符号であり，次の7ビットが指数部である。そして，残りの4ビットが仮数部である。仮数部の符号は，整数が0，負数が1である。指数部は固定小数点形式を用いて負の整数も扱えるようになっている。

例題 4-6　負の実数を浮動小数点形式で表現

例題4-6　次の10進数−851.8125を4バイトの浮動小数点形式で表現しなさい。ただし，仮数部の符号を1ビット，指数部を7ビット，仮数部を24ビットとるものとする。

【解】次の手順で解く。

① −851.8125 を2進数に変換する。

−851 を2進数にすると

−11 0101 0011

となり，0.8125 を2進数にすると 0.1101 となる。

$$0.8125 \times 2 = 1.625 \cdots 1$$
$$0.625 \times 2 = 1.25 \cdots 1$$
$$0.25 \times 2 = 0.5 \cdots 0$$
$$0.5 \times 2 = 1.0 \cdots 1$$

よって，10進数−851.8125は，2進数−1101010011.1101となる。

② ①で求めた2進数を16進数に変換する。

2進数−1101010011.1101を小数点を基準にして4桁ごとに区切って１６進数にする。4桁に足らないところは**0**を付加する。

0011	0101	0011 ●	1101
0+0+2+1	0+4+0+1	0+0+2+1	8+4+0+1
3	5	3	D

4桁ごとの2進数を１０進数にして１０を超えると**10をA，11をB，12をC，13をD，14をE，15をF**にする。

したがって，答えは，**-353.D**となる。

③ ②で求めた16進数を正規化する。
正規化とは，次の形式の a について

$$\mp a \times 16^{b}$$

0.1≦a<1.0にすることなので

$$-0.353D \times 16^{3}$$

④ 4バイトの浮動小数点形式を2進数で表現する。

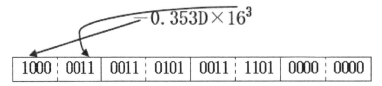

$$-0.353D \times 16^{3}$$

1000	0011	0011	0101	0011	1101	0000	0000

⑤ ④で求めた4バイトの浮動小数点形式を16進数で表現する。

1000	0011	0011	0101	0011	1101	0000	0000
8	3	3	5	3	D	0	0

答え　(83 35 3D 00)$_{16}$

例題 4-7 正の実数を浮動小数点形式で表現

> 例題4-6　次の10進数+183.75を4バイトの浮動小数点形式で表現しなさい。ただし，仮数部の符号を１ビット，指数部を７ビット，仮数部を２４ビットとるものとする。

【解】次の手順で解く。

① 183.75 を２進数に変換する。

183 を２進数にすると

1011 0111

となり，0.75 を２進数にすると 0.11 となる。

よって，10 進数 183.75 は，２進数 1011 0111.11 となる。

② ①で求めた２進数を 16 進数に変換する。

２進数 1011 0111.11 を小数点を基準にして４桁ごとに区切って１６進数にする。

４桁に足らないところは０を付加する。

1011	0111	1100
8+0+2+1	0+4+2+1	8+4+0+0
B	7	C

４桁ごとの２進数を１０進数にして１０を超えると 10 をA，11 をB，12 をC，13 をD，14 をE，15 をFにする。

したがって，答えは，B7.C となる。

③ ②で求めた 16 進数を正規化する。

$$0.\,B7C \times 16^2$$

④　4バイトの浮動小数点形式を2進数で表現する。

0000	0010	1011	0111	1100	0000	0000	0000

⑤　④で求めた4バイトの浮動小数点形式を16進数で表現する。

0000	0010	1011	0111	1100	0000	0000	0000
0	2	B	7	C	0	0	0

答え　$(02\ B7\ C0\ 00)_{16}$

第4章　問題

問題4-1　10進数を2進化10進に変換

問題4-1　次の10進数を2進化10進に変換しなさい。

① **378**

② **0.573**

③ **378.573**

問題4-2　10進数をゾーン10進数で表現

問題4-2　次の10進数をゾーン10進数で表現しなさい。

① **＋731**

② **－345**

問題　4-3　10進数をパック10進数で表現

問題　4-3　次の10進数をパック10進数で表現しなさい。

① ＋**573**

② －**8765**

問題 4-4　負の 10 進数を 4 バイトの浮動小数点形式で表現

問題 4-4　次の 10 進数－172.6875 を 4 バイトの浮動小数点形式で表現しなさい。ただし，仮数部の符号を 1 ビット，指数部を 7 ビット，仮数部を 2 4 ビットとるものとする。次の手順で求めよ。

（1）**2** 進数に変換せよ。

（2）**16** 進数に変換せよ。

（3）正規化しなさい。

（4）**4** バイトの浮動小数点形式を **2** 進数で表現しなさい。

（5）**4** バイトの浮動小数点形式を **16** 進数で表現しなさい。

問題 4-5　正の 10 進数を 4 バイトの浮動小数点形式で表現

問題 4-5　次の 10 進数 459.40625 を 4 バイトの浮動小数点形式で表現しなさい。ただし，仮数部の符号を 1 ビット，指数部を 7 ビット，仮数部を 2 4 ビットとるものとする。次の手順で求めよ。

（1）**2** 進数に変換せよ。

（2）**16** 進数に変換せよ。

（3）正規化しなさい。

（4）**4** バイトの浮動小数点形式を **2** 進数で表現しなさい。

（5）**4** バイトの浮動小数点形式を **16** 進数で表現しなさい。

第5章　総合問題

5-1　基本問題

問題 5-1　2進数を 10 進数に変換

問題 **5-1**　次の2進数を10進数にしなさい。

① 11100101

② 11111000

③ 11111001

問題 5-2　2進数を 16 進数に変換

問題 **5-2**　次の2進数を16進数にしなさい。

① 1110　0101

② 1100　1001

③ 1101　0111

問題 5-3　16 進数を 2 進数に変換

問題 **5-3**　次の16進数を2進数にしなさい。

① 5E

② AC

③ 9BD

問題 5-4　10 進数を 2 進数に変換

問題 **5-4**　次の10進数を2進数にしなさい。

① 100

②　６６

③　１３３

問題 5-5　10 進数を 16 進数に変換

問題 **5-5**　次の１０進数を１６進数にしなさい。

①　４８

②　３５

③　７０

問題 5-6　16 進数を 10 進数に変換

問題 **5-6**　次の１６進数を１０進数にしなさい。

①　ＤＥ

②　ＢＣ

③　７ＡＤ

問題 5-7　負の 10 進数を 2 進数に変換

問題 **5-7**　次の負の１０進数を２進数にしなさい。

①－５６

②　－７０

③　－８７

問題 5-8　①符号なし 10 進数と 2 進数の表を完成

問題 **5-8**　次の表を完成させよ

①　論理演算（正の 2 進数：先頭ビットを正・負符号としない 2 進数）

次表の１０進数０から２０までの２進数を入れなさい。

問題 5-8　②符号付き 10 進数と 2 進数の表を完成

１０進数	２進数
0	
1	
2	
3	
4	
5	
6	
7	
8	
9	
10	
11	
12	
13	
14	
15	
16	
17	
18	
19	
20	

② 算術演算

先頭ビットを符号とする。

先頭ビットが０の時正，１の時負で表現する

１０進数	２進数
7	
6	
5	
4	
3	
2	
1	
0	
−1	
−2	
−3	
−4	
−5	
−6	
−7	
−8	

問題 5-8　③10 進数，16 進数，2 進化 10 進数，8 進数の表を完成

③１０進数に対応した１６進数，２進化１０進数，８進数を入れなさい。

１０進数	１６進数	BCD２進化１０進数	８進数
0			
1			
2			
3			
4			
5			
6			
7			
8			
9			
１０			
１１			
１２			
１３			
１４			
１５			
１６			

問題 5-9　2 進数，8 進数，10 進数，16 進数の表の空欄を完成

問題 5-9　次の空欄を埋めよ

２進数	８進数	１０進数	１６進数
1111 1011	①	−5	FB
②	③	127	7F
0101 0101	125	④	⑤
1010 1111	257	⑥	AF

問題 5-10　各種の進数を変換

問題 5-10　次の間に答えよ。

①２進数０１０１１１と１０進数１９の和は２進数では□□□□□と表現される。

②１６進数２６５は１０進数の□□□に等しい。

③１０進数０．８を２進数に変換すると□□□□□（５けたまで）となる。

④２進数０１０１１１の２の補数は□□□□□である。

⑤１０進数の１８３および０．３４３７５を２進数に変換するとそれぞれ□□□□□と□□□□□となる。

⑥８ビット演算において１０進数で－１３を２進数にすると□□□□□となる。

⑦２進数００１１０１１１．０１０１０１１００を８進数にすると□□□□□となる。

⑧８進数３７４６を２進数にすると□□□□□となる。

⑨２進数０１１０　１１１１　１０００　０１１１を１６進数にすると□□□□□となる。

⑩１６進数ＡＤ５６を２進数にすると□□□□□となる。

⑪８進数３７４６を１６進数に変換すると□□□となる。

⑫１６進数Ｆ３Ｃ８を８進数に変換すると□□□□□となる。

⑬２進数１００１．１０１を１０進数に変換すると□□□□□となる。

⑭１０進数１５．７５を２進数にすると□□□□□となる。

⑮１０進数－９９を８ビットの２進数にすると□□□□□となる。

⑯１０進数３６５を２進化１０進数（ＢＣＤ）で表すと□□□□□となる。

⑰４ビットで表せる数は□□□から□□□までである。

⑱n ビットで表せる数は　　　　　　　　から　　　　　　　　　　まである。

⑲　A の 2 の補数 $\bar{A}$=1011 であり，E=1101 であるとき，E の 2 の補数 $\bar{E}$ と A の和を求めよ。

すなわち次の式を計算せよ（2 進数で答えよ）　　A+$\bar{E}$=

⑳　10 進数において 10 の補数を用いて減算が加算でできることを例をあげて説明せよ。

例　9-6＝3 について

5-2　混合計算問題（シフトを利用）

問題 5-11　①8 進数と 10 進数の乗除算（シフト利用）

問題 5-11　①次の式を計算して 2 進数で求める簡単な方法は次のとおりである。空欄に適語を入れなさい。

$(675)_8 \times (16)_{10} \div (4)_{10} =$

計算手順は，8 進数の 675 を 2 進数に変換して，その値を左に 4 桁シフトし，次に　　　　　　　　　　すればよい。

問題 5-11　②8 進数，16 進数，2 進数の乗除算（シフト利用）

②　次の式を計算して 16 進数で答えなさい。

$(3746)_8 \div (20)_{16} \times (100000)_2 =$

問題 5-11　③16 進数と 10 進数の乗除算（シフト利用）

③　次の式を計算して 16 進数で答えなさい。

$(A5C)_{16} \div (10)_{16} \times (5)_{10} =$

問題 5-11　④2 進数の加減乗除

問題 5-11　④A, B がそれぞれ $(01110100)_2$, $(00010000)_2$ であるとき，次の計算をして 16 進数で答えなさい。

(ア)　$(A-B) \times (2)_{10} + (A+B) \div (4)_{10} =$

(イ)　$(A \times B) \div (8)_{10} =$

5-3 基本情報技術者試験問題

問題 5-12 浮動小数点問題基本

実数 a を $a = f \times r^e$ と表す浮動小数点表記に関する記述として，適切なものはどれか。

ア f を仮数，e を指数，r を基数という。

イ f を基数，e を仮数，r を指数という。

ウ f を基数，e を指数，r を仮数という。

エ f を指数，e を基数，r を仮数という。

答え （　　　）

問題 5-13 浮動小数点問題 2 進数表示

数値を図に示す 16 ビットの浮動小数点形式で表すとき，10 進数 0.25 を正規化した表現はどれか。ここでの正規化は，仮数部の最上位けたが 0 にならないように指数部と仮数部を調節する操作とする。

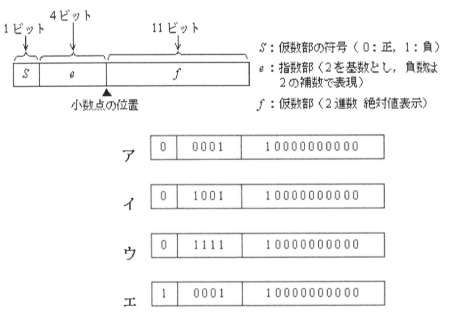

答え　（　　　）

問題 5-14 補数問題

多くのコンピュータが，演算回路を簡単にするために補数を用いている理由はどれか。

ア　加算を減算で処理できる。

イ　減算を加算で処理できる。

ウ　乗算を加算の組合せで処理できる。

エ　除算を減算の組合せで処理できる。

【答　　】

問題 5-15 浮動小数点問題１６進数表示

問題 5-15 数値を 32 ビットの浮動小数点形式で表す。指数部は２を基数とし，負数は２の補数で表現する。

10 進数 0.375 をこの２を基数とした浮動小数点形式で正規化したものはどれか。ただし，結果は 16 進数で表現するものとする。符号部１ビット，指数部７ビット，仮数部 24 ビットとする。

ア　01C00000　　　　イ　41C00000　　　　ウ　7FC00000　　　　エ　81C00000

【答　ウ】

問題 5-16   24 ビットの浮動小数点形式最大値

問題 5-16　次の 24 ビットの浮動小数点形式で表現できる最大値を表すビット列を， 16 進数として表したものはどれか。 ここで， この形式で表現される値は $(-1)^S \times 16^{E-64} \times 0.M$ である。

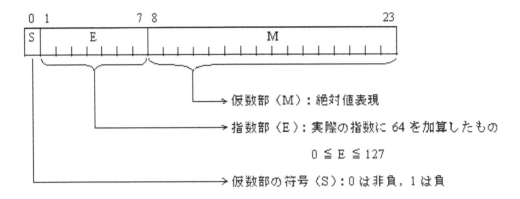

ア 3FFFFF　　　イ 7FFFFF　　　ウ BFFFFF　　　エ FFFFFF

【答　　】

問題 5-17　浮動小数点形式の有効桁数

問題 5-17 浮動小数点形式で表現される数値の演算において，有効けた数が大きく減少するものはどれか。

ア 絶対値がほぼ等しく，同符号である数値の加算

イ 絶対値がほぼ等しく，同符号である数値の減算

ウ 絶対値の大きな数と絶対値の小さな数の加算

エ 絶対値の大きな数と絶対値の小さな数の減算

【答　　】

問題 5-18　浮動小数点形式のマスクビット

問題 5-18　IEEE754（1985）標準では，32 ビットの浮動小数点を次の形式で表現する。

S	E（8 ビット）	M（23 ビット）

S:符号 1 ビット　　　E:指数部　8 ビット　　　M：仮数部　23 ビット

この指数部を取り出すためのマスクビットを，16 進数表現したものはどれか，ここでマスクビットとは，必要な情報を取り出すためにビットごとの AND 演算を行う際に使うビットパターンのことである。

ア 0FF00000　　イ 7F800000　　ウ FF000000　　エ FF800000

答(　　)

問題5-19 小数を含んだ16進数を分数表示

16進小数 3A．5C を10進数の分数で表したものはどれか。

ア $\dfrac{939}{16}$　　イ $\dfrac{3735}{64}$　　ウ $\dfrac{14939}{256}$　　エ $\dfrac{14941}{256}$

答え（　　）

問題5-20　小数を含んだ16進数を2のべき乗表示

16進小数 2A．4C と等しいものはどれか。

ア　$2^5+2^3+2^1+2^{-2}+2^{-5}+2^{-6}$　　　　イ　$2^5+2^3+2^1+2^{-1}+2^{-4}+2^{-5}$

ウ　$2^6+2^4+2^2+2^{-2}+2^{-5}+2^{-6}$　　　　エ　$2^6+2^4+2^2+2^{-1}+2^{-4}+2^{-5}$

答え（　　）

問題5-21　2の補数の絶対値

問題5-21　2の補数で表された負数 10101110 の絶対値はどれか。

ア　01010000　　イ　01010001　　ウ　01010010　　エ　01010011

答え（　　）

問題5-22　分数を16進小数で表現

問題5-22　10進数の分数 $\dfrac{1}{32}$ を16進数の小数で表したものはどれか。

ア　0．01　　イ　0．02　　ウ　0．05　　エ　0．08

答え（　　）

問題5-23　2の補数表現

問題5-23　負数を2の補数で表すとき，すべてのビットが1であるnビットの2進数 "1111...11" が表す数値又はその数式はどれか。

ア　$-(2^{n-1}-1)$　　イ　-1　　ウ　0　　エ　2^n-1

答え（　　）

問題 5-24　シフト操作

問題 5-24　数値を 2 進数で表すレジスタがある。このレジスタに格納されている正の整数 x を 10 倍する操作はどれか。ここで，シフトによるけたあふれは，起こらないものとする。

ア　x を 2 ビット左にシフトした値に x を加算し，更に 1 ビット左にシフトする。

イ　x を 2 ビット左にシフトした値に x を加算し，更に 2 ビット左にシフトする。

ウ　x を 3 ビット左にシフトした値と，x を 2 ビット左にシフトした値を加算する。

エ　x を 3 ビット左にシフトした値に x を加算し，更に 1 ビット左にシフトする。

答え（　　　）

問題 5-25　16 進小数を 10 進数に変換

問題 5-25　16 進小数 0. C を 10 進小数に変換したものはどれか。

　　ア　0. 12　　　　イ　0. 55　　　　ウ　0. 75　　　　エ　0. 84

答え（　　　）

問題 5-26　非負の 2 進数を 3 倍

問題 5-26　非負の 2 進数 $b_1 b_2 ... b_n$ を 3 倍したものはどれか。

　　　　ア　$b_1 b_2 ... b_n 0 + b_1 b_2 ... b_n$

　　　　イ　$b_1 b_2 ... b_n 00 - 1$

　　　　ウ　$b_1 b_2 ... b_n 000$

　　　　エ　$b_1 b_2 ... b_n 1$

答え（　　　）

第6章　磁気ディスク装置

　磁気ディスク装置は，ビッグデータ保存など大容量データ保存に使用されている。この磁気ディスク装置は，両面に磁性材料を塗布したアルミなどの円盤を一定速度で回転させ，各面を水平に移動する磁気ヘッドによってデータの書込み・読取りを行う装置である。

　磁気ヘッドが目的のトラックに移動する時間をシーク時間という。磁気ヘッドが目的のトラックまで来たあと，読取り・書込みデータが磁気ヘッドの真下にくるまでの時間を回転待ち時間（サーチ時間）という。最大の回転待ち時間は1回転に要する時間であり，最小の待ち時間は0である。したがって，平均回転待ち時間は1回転に要する時間の半分である。データ転送時間は，磁気ヘッドが目的のデータを転送する時間である。

　データの平均アクセス時間の計算は次式で求められる。

平均アクセス時間＝平均シーク時間+平均回転待ち時間+データ転送時間

　磁気ヘッドの付いたアクセスアームは，くし状に並んでいるので，アクセス可能なトラックがディスクの面の数だけシリンダ状に並ぶことになり，これをシリンダと呼ぶ。

　磁気ディスクの容量は次式で求められる。

容量＝シリンダ数×シリンダ当たりのトラック数×トラック当たりの記憶容量

例題 6-1　ディスク当たりの記憶容量計算

例題 6-1　１トラック当たりの記憶容量が100KB，１シリンダ当たりのトラック数が８トラック，１ドライブ当たりのシリンダ数が30000シリンダのハードディスクドライブの記憶容量は何GBか求めなさい。
ただし，１GB＝1000 000 000 バイトとする

【解】

容量＝シリンダ数×シリンダ当たりのトラック数×トラック当たりの記憶容量

より

$$100000 \times 8 \times 30000 = 24 \times 10^{9} \ [B]$$

答え（　24　[GB]　）

例題 6-2　１レコード／ブロックで記録する場合の記憶容量計算

例題 6-2　１トラック当たりの記憶容量が100KB，１シリンダ当たりのトラック数が８トラック，ブロック間隔が100B，１ドライブ当たりのシリンダ数が30000シリンダのハードディスクドライブにおいて，
６００バイト長のレコード１５万件を１レコード／ブロックで記録するとき，必要な最低シリンダ数を求めなさい。次の手順で考える。
（１）１ブロックは何バイトか求めなさい。
（２）１トラックに何ブロック記録できるか求めなさい。
（３）15万件記録するには何トラック必要になるか求めなさい。
（４）（３）で求めたトラック数をシリンダ単位にしなさい。

（１）【解】1件のデータとブロック間隔を図で示すと次のようになる。

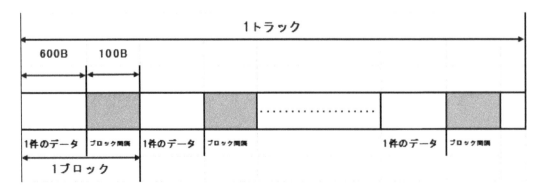

よって1ブロックは

600＋100＝700

答え（　700B　）

（2）100000÷700=142.85

この場合は，小数点以下は切り捨てなければならない。つまり，図から分かると思うが，1トラック当たり，余りを残す必要がある。もしも，切り上げた場合は，1トラックをオーバーして，2重に上書きすることになる。

答え（ 142 ブロック ）

（3）1レコード／ブロックなので1ブロックに1件のデータが記録される。1トラックに142ブロック記録されることは，1トラックに142件記録されることになる。15万件が x トラック記録されるとすると，

$150000 : x = 142 : 1$

$x = 150000 \div 142 = 1056.338$ トラック

ここで，小数点部分は切上げが必要である。なぜならば，小数点部分を切り捨てた場合は，その部分が記録されないことになるからである。

答え（　1057 トラック　）

（4）トラックをシリンダ単位にするには

1057÷8=132.125

この場合，小数点部分は切上げが必要である。なぜならば，小数点部分を切り捨てた場合は，その部分が記録されないことになるからである。

答え（　133 シリンダ　）

例題 6-3　10 レコード／ブロックで記録する場合の記憶容量計算

> 例題 6-3　1 トラック当たりの記憶容量が 100KB，1 シリンダ当たりのトラック数が 8 トラック，ブロック間隔が 100B，1 ドライブ当たりのシリンダ数が 30000

69

> シリンダのハードディスクドライブにおいて，
> ６００バイト長のレコード１５万件を10レコード／ブロックで記録するとき，
> 必要な最低シリンダ数を求めなさい。次の手順で考える。
> （１）１ブロックは何バイトか求めなさい。
> （２）１トラックに何ブロック記録できるか求めなさい。
> （３）15万件記録するには何トラック必要になるか求めなさい。
> （４）（３）で求めたトラック数をシリンダ単位にしなさい。

（１）【解】10件のデータとブロック間隔を図で示すと次のようになる。

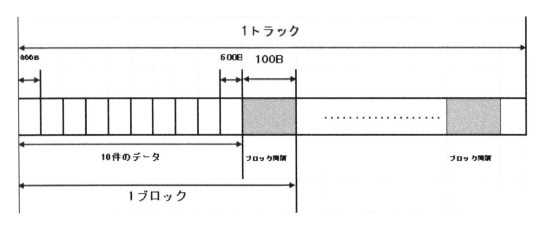

１ブロックは上図から次のようになる。

600×10+100=6100 B

答え（　6100 B　）

（２）100000÷6100=16.39

この場合は，小数点以下は切り捨てなければならない。つまり，図から分かると思うが，１トラック当たり，余りを残す必要がある。もしも，切り上げた場合は，１トラックをオーバーして，２重に上書きすることになる。

答え（ 16ブロック ）

（３）10レコード／ブロックなので１ブロックに10件のデータが記録される。１トラックに16ブロック記録されることは，１トラックに160件記録されることになる。15万件が x トラック記録されるとすると，

150000：x ＝160：1

x =150000÷160=937.5 トラック

ここで，小数点部分は切上げが必要である。なぜならば，小数点部分を切り捨てた場合は，その部分が記録されないことになるからである。

答え（　938 トラック　）

（4）トラックをシリンダ単位にするには

938÷8=117.25

この場合，小数点部分は切上げが必要である。なぜならば，小数点部分を切り捨てた場合は，その部分が記録されないことになるからである。

答え（　117 シリンダ　）

例題6-4　平均アクセス時間

例題6-4　平均シーク時間が 10ms，回転速度が 6000 回転／分，1 トラック当たりの記憶容量が 100KB／トラックであるとき，この磁気ディスク装置に 50KB 長のレコードが記録されているとき，平均アクセス時間を次の手順で求めなさい。
（1）1 回転する時間は何 ms か。
（2）平均回転待ち時間は何 ms か。
（3）データ転送時間は何 ms か。
（4）平均アクセス時間は何 ms か。

（1）【解】1 回転する時間は 6000 回転／分より

60÷6000=0.01 s=10 ms

答え（　10 ms　）

（2）【解】最大待ち時間=10ms

最小待ち時間=0 ms

平均回転待ち時間=（10+0）÷2=5ms

答え（　5 ms　）

（3）【解】データ転送時間は

$10 \text{ ms} \times \frac{50000}{100000} = 5 \text{ ms}$

答え（　5 ms　）

（4）【解】平均アクセス時間は

平均アクセス時間＝平均シーク時間＋平均回転待ち時間＋データ転送時間

$$=10 + 5 + 5＝20 \text{ ms}$$

答え（　20 ms　）

問題6-1　10 レコード／ブロックで記録（基本情報技術者試験出題問題）

問題6-1　表の仕様の磁気ディスク装置に，1 レコード 200 バイトのレコード 10 万件を 順編成で記録したい。 10 レコードを1ブロックとして記録するときに必要なシリンダ数は幾つか。 ここで，一つのブロックは複数のセクタにまたがってもよいが， 最後のセクタで余った部分は利用されない。

トラック数／シリンダ	19
セクタ数／トラック	40
バイト数／セクタ	256

　ア　103　　　　　イ　105　　　　　ウ　106　　　　　エ　132

【答　　】

問題6-2　平均アクセス時間（基本情報技術者試験出題問題）

問題6-2　ハードディスクの回転速度が 5000 回転／分，記憶容量が 15000B/トラック，平均シーク時間が 20m s であるとき，4000 バイトのデータを1ブロック転送するために必要な平均アクセス時間は何ミリ秒になるか。次の手順で求めよ。

　ア　27.6　　　　　イ　29.2　　　　　ウ　33.6　　　　　エ　35.2

①平均サーチ時間を求めよ。
②データ転送時間を求めよ。
③平均アクセス時間を求めよ。

第7章　IPアドレスの計算

IPアドレス（IPV4）の概要

11000000	10101000	00000011	01100101

(192.　　　　168.　　　　3.　　　　101)

IPアドレスは2進数32ビットで構成されるが，どのネットワークに属しているかを示すネットワークアドレス部とコンピュータのアドレスを示すホストアドレス部の二つの部分に分けて扱われる。

ネットワークアドレス部			ホストアドレス部
11000000	10101000	00000011	01100101

ネットワークアドレス

11000000	10101000	00000011	00000000

IPアドレスはネットワークの規模によって，クラスA〜Cに分類される。

クラスAのネットワークはホストアドレス部が24ビットある。そのため，24ビットで割り当てできる約1,670万台のコンピュータ（ホスト）を収容できる。クラスAは，大規模なネットワークに割り当てる。

クラスCのネットワークはホストアドレス部が8ビットであり，8ビットに該当する約250台のホストしか収容できないので，小規模のネットワークに割り当てる。また，各クラスのIPアドレスは，32ビットの中の上位3ビットで，どのクラスのIPアドレスかを見分けられるようになっている。

クラスの種類

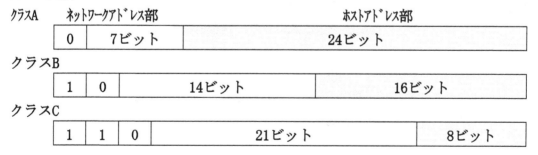

クラスA

ネットワークアドレス部		ホストアドレス部
0	7ビット	24ビット

クラスB

1	0	14ビット	16ビット

クラスC

1	1	0	21ビット	8ビット

割り当て可能なネットワーク数

クラス	割り当て可能なネットワーク数	割り当て可能なホスト数
A	$128(=2^7)$	$16,777,214(=2^{24}-2)$
B	$16,384(=2^{14})$	$65,534(=2^{16}-2)$
C	$2,097,152(=2^{21})$	$254(=2^8-2)$

収容台数計算で　全ビット「0」：ネットワークアドレス

　　　　　　　全ビット「1」：ブロードキャストアドレスのため使用できない。

　ブロードキャストは一つの送信を特定の範囲内のすべてのコンピュータ，機器に伝える通信のときに使う。ホストアドレス部をすべて「1」にしたIPアドレスが使われる。

　サブネットワークは一つのネットワークアドレス内部を分割してつくったホストアドレス収容数の少ないﾈｯﾄﾜｰｸ。

　ｻﾌﾞﾈｯﾄﾏｽｸは一つのｸﾗｽCのﾈｯﾄﾜｰｸをさらに小さな複数のサブネットワークに分けて利用できれば，IPアドレスの有効利用が図れる。この目的を達成するために利用される。これは，IPアドレスと同数の32ビットを用いて，ﾈｯﾄﾜｰｸアドレス部に割り振るビット部分に「1」を設定し，ネットワークアドレス部を示すビットの範囲を示している。

　下図は，IPアドレス32ビットのうち左から28ビットをネットワークアドレス部，残りの4ビットをホストアドレス部に割り振った事例である。この場合，一つのﾈｯﾄﾜｰｸに配置できるホスト数は4ビットで指定できる数になり，14台となる。

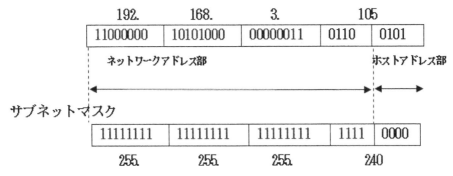

ｸﾗｽCでは24ビットであったネットワークアドレスは，28ビットのサブネットマス

クを設定したことにより4ビット増えているため，この4ビットで指定できる数のサブネットワークを，クラスC内部に新たに設定でき，16個のサブネットワークを設定することができる。

　このように，ネットワーク内に14台のホストを収容する小規模のサブネットワークを16個設定できたことで，利用台数にあわせたIPアドレスの有効利用が可能になる。

　CIDRは限られたIPアドレスを有効に活用するために，サブネットワークごとに，ネットワークアドレス長を変更できる，可変長サブネットマスクを用いる方式が取り入れられた。

　IPアドレスの表記方法は，IPアドレスの後に"／"を書き，"／"の後部にネットワークアドレスのビット長を書く。

（例）192．168．3．96／28

　この例におけるネットワークアドレス28ビットは，クラスC(ネットワークアドレス24ビットよりも規模の小さいネットワークになる。

　ＩＰＶ６は現状のIPV4プロトコルを改良したプロトコルでIPアドレスのビット数が32ビットから128ビットに増加した。

　ブロードキャストアドレスは一つの送信を特定範囲内のすべてのコンピュータ，機器に伝える通信ブロードキャストのときに使う。ホストアドレス部をすべて「1」にしたIPアドレスが使われる。

例題 7-1　同一ネットワークに属するかの判定

例題 7-1　クラス C のネットワークで，サブネットマスクを 255．255．255．128 と設定した場合，同一ネットワークに属さない IP アドレスはどれか，番号で答えなさい。

①192．168．1．1
②192．168．1．129
③192．168．1．126
④192．168．1．63
⑤192．168．1．31

【解】手順　・①〜⑤ネットワークアドレスを求める。

各 IP アドレスとサブネットマスクを 2 進数にして AND 演算を次のように行う。

①

```
      1100 0000 1010 1000 0000 0001 0000 0001   192. 168. 1. 1
AND ) 1111 1111 1111 1111 1111 1111 1000 0000   255. 255. 255. 128
      1100 0000 1010 1000 0000 0001 0000 0000   192. 168. 1. 0
```
①のネットワークアドレスは 192. 168. 1. 0　である。

②

```
      1100 0000 1010 1000 0000 0001 1000 0001   192. 168. 1. 129
AND ) 1111 1111 1111 1111 1111 1111 1000 0000   255. 255. 255. 128
      1100 0000 1010 1000 0000 0001 1000 0000   192. 168. 1. 128
```
②のネットワークアドレスは 192. 168. 1. 128 である。

③

```
      1100 0000 1010 1000 0000 0001 0111 1110   192. 168. 1. 126
AND ) 1111 1111 1111 1111 1111 1111 1000 0000   255. 255. 255. 128
      1100 0000 1010 1000 0000 0001 0000 0000   192. 168. 1. 0
```
③のネットワークアドレスは 192. 168. 1. 0である。

④

```
      1100 0000 1010 1000 0000 0001 0011 1111   192. 168. 1. 63
AND ) 1111 1111 1111 1111 1111 1111 1000 0000   255. 255. 255. 128
      1100 0000 1010 1000 0000 0001 0000 0000   192. 168. 1. 0
```
④のネットワークアドレスは 192. 168. 1. 0である。

⑤

```
      1100 0000 1010 1000 0000 0001 0001 1111   192. 168. 1. 31
AND ) 1111 1111 1111 1111 1111 1111 1000 0000   255. 255. 255. 128
      1100 0000 1010 1000 0000 0001 0000 0000   192. 168. 1. 0
```
⑤のネットワークアドレスは 192. 168. 1. 0である。

②を除いたネットワークアドレスはすべて同じで，②のみがネットワークアドレ

ス

が違うため，②が同一ネットワークに属さない。

答え　　（　②が同一ネットワークに属さない。　）

例題 7-2　IP アドレスの設定

例題 7-2　ある大学の Y 研究室のネットワークは，クラス C でサブネットマスクは 255.255.255.248 とされている。この研究室には IP アドレス 192.168.88.254 のレーザープリンターと IP アドレス 192.168.88.249，192.168.88.250 のパソコン 2 台がある。この研究室に新しいパソコンが 1 台導入されることになった。新しいパソコンに割り振ることができる最大の IP アドレスを求めよ。次の手順で求めよ。

(1) サブネットマスクの最下位 248 を 2 進数に変換せよ。破線部で 4 ビットごとに分けて答えよ。

(2) このサブネットワークにホストは何台収容できるか。

(3) サブネットワークは何個できるか。

(4) ネットワークアドレスを求めよ。10 進数で表示せよ。

(5) ブロードキャストアドレスを求めよ。10 進数で答えよ。

(6) 新しいパソコンに割り振ることができる最大の IP アドレスを求めよ。

(7) 新しいパソコンに割り振ることができる最小の IP アドレスを求めよ。

(8) このように 255.255.255.248 のサブネットに分割している場合，ネットワーク全体

> では，最大いくつのホストアドレスをわりあてることができるか。

(1)【解】

10 進数の 248 は 255 から 7 を引いたものである。255 は 2 進数で 1111 1111 で，7 は 111 であるので，次のようにして 10 進数 248 は 2 進数で 1111 1000 である。

$$
\begin{array}{r}
255 \\
-)\ \ 7 \\
\hline
248
\end{array}
\qquad
\begin{array}{r}
1111\ 1111 \\
-)\ \ \ \ \ \ \ \ \ 111 \\
\hline
1111\ 1000
\end{array}
$$

答え（ 1111 1000 ）

(2) (1)より，サブネットマスクを 2 進数にして 0 ビットの部分が 3 ビットあるので，すべてに割り振ることができる台数は 2^3 であるが，ネットワークアドレスとブロードキャストアドレスの 2 つを引いて 6 台となる。

$$2^3-2＝6$$

答え（ 6 台 ）

(3) クラス C では，24 ビットであったネットワークアドレスは，29 ビットのサブネットマスクを設定したことにより，5 ビット増えるためにこの 5 ビットで指定できる数のサブネットワークをクラス C 内部に新たに 2^5 個のサブネットワークが設定できる。

答え（ 32 個 ）

(4) 研究室にすでに設定されているレーザープリンタの最下位 8 ビットとサブネットますかの最下位 8 ビットを AND 演算する。上位の 24 ビットは AND 演算の性質から設定されているレーザープリンタの IP アドレスがそのまま出力される。

$$254 \qquad\qquad 1111\ 1110$$
$$\underline{\text{AND)}\,248} \qquad\qquad \underline{\text{AND)}\,1111\ 1000}$$
$$248 \qquad\qquad 1111\ 1000$$

したがってネットワークアドレスは 192.168.88.248

答え （ 192.168.88.248 ）

(5)ブロードキャストアドレスはホスト部がすべて 1 なので

答え （ 192.168.88.255 ）

(6)最下位 8 ビットについて，割り振ることのできる数は

254	1111 1110
253	1111 1101
252	1111 1100
251	1111 1011
250	1111 1010
249	1111 1001

最下位部分が 254，250，249 はすでに使用されているため，253 が最大になる。

答え （ 192.168.88.253）

(7)(6)より最下位部分の最小は 251 となる。

答え （ 192.168.88.251）

(8)ネットワーク全体でのホストアドレスを割り振ることができる数は

6×32=192

答え （ 192 ）

問題 7-1　クラス C の IP アドレス（基本情報技術者試験出題問題）

　クラス C の IP アドレスで，サブネットマスクを 255.255.255.252 としたとき，使用できるホスト数は幾つか。

　ア　1　　　　　イ　2　　　　　ウ　3　　　　　エ　4

【答　　】

問題 7-2　クラス C の IP アドレス・ホストの数

問1　TCP/IP のネットワーク 192.168.30.0 のサブネットマスク 255.255.255.192 のサブネットに分割する。このネットワーク全体では最大いくつのホストアドレスを割り当てることができるか．次の手順で求めよ．

(1)サブネットマスクを 2 進数に変換する．

(2) 1 つのネットワークにホストは何台収容できるか．

(3)サブネットワークは何個できるか．

(4)全体の割り当て可能なホストアドレスは最大いくつになるか．

第 8 章　コンピュータの処理速度

CPU 評価

　一般にコンピュータの処理速度は，1 秒間に平均何百万回の命令を実行できるかを表す MIPS (Milion Instruction Per Second) という単位を使用する。

例題 8-1　CPU 評価（基本情報技術者試験出題）

例題 8-1 平均命令実行時間が 20 ナノ秒のコンピュータがある。このコンピュータの性能は何 MIPS か。

　　　　　　ア　5　　　　イ　10　　　　ウ　20　　　　エ　50

【解】

　MIPS (Million Instruction Per Second) は、1 秒間に平均何百万回（10^6）の命令を実行できるかを表す。1 ナノ秒＝10^{-9} である。1 秒間に x 命令実行するとすれば，次のような比で表される。

　　1 平均命令実行：20^{-9} 秒＝x 命令：1 秒

$$x = 1/(20 \times 10^{-9}) = 50 \times 10^6 = 50\text{MIPS}$$

答え（　エ　）

例題 8-2　クロック周波数 1GHz の CPU 評価（基本情報技術者試験出題）

クロック周波数が 1 GHz の CPU がある。この CPU の命令種別が，表に示す二つから成っているとき，処理能力は約何 MIPS か。

命令種別	実行時間（クロック）	実行頻度（%）
命令 1	10	60
命令 2	5	40

　ア　34　　　　イ　100　　　　ウ　125　　　　エ　133

【解】

1 GHz は 1 秒間に 1×10^9 回クロック信号を発生することを意味する。

MIPS（ Million Instructions Per Second ）は、1 秒間に平均何百万回（10^6）の命令を実行できるかを表す数値である。

　この処理装置では、1 命令を実行するクロック数は、

$10 \times 0.6 + 5 \times 0.4 = 8$　　となる。

クロック周波数が 1GH z なので，1 クロックの波長の長さはその逆数になり，

10^{-9} 秒となる。

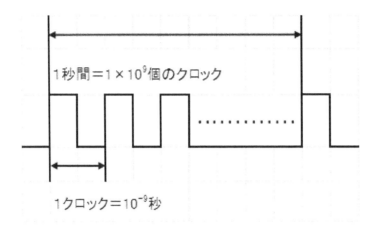

1秒間＝1×10^9個のクロック

1クロック＝10^{-9}秒

よって1命令の実行時間は8クロックなので，

1命令実行時間＝8×10^{-9}秒

1秒間でx命令実行できるとすれば，次の比の式になる

1命令：8×10^{-9}秒＝x命令：1秒

$x = 1/8 \times 10^{-9} = 10^9/8 = 1000/8 \times 10^6 = 125 \times 10^6$

よって，1秒間に実行できる平均命令数は、**125 MIPS** となる。

答え（　ウ　）

問題8-1　MIPS からの平均命令実行時間（基本情報技術者試験出題）

問題8-1　50 MIPS のプロセッサの平均命令実行時間は幾らか。

ア　20 ナノ秒　　　　　　　イ　50 ナノ秒

ウ　2 マイクロ秒　　　　　　エ　5 マイクロ秒

問題 8-2　クロック周波数 700MHz の CPU 評価（基本情報技術者試験出題）

問題 8-2　動作クロック周波数が 700 MHz の CPU で，命令の実行に必要なクロック数とその命令の出現率が表に示す値である場合，この CPU の性能は約何 MIPS か。

命令の種別	命令実行に必要なクロック数	出現率（％）
レジスタ間演算	4	30
メモリ・レジスタ間演算	8	60
無条件分岐	10	10

ア　10　　　　イ　50　　　　ウ　70　　　　エ　100

答え（　　　）

第 9 章　問題解答解説

基本問題解答

第 1 章　問題解答

問題 1-1　2 進数を 10 進数に変換解答

問題 1-1　次の 2 進数を 10 進数にしなさい。

　　　1010111

【解】左から各桁の位が 2^6 2^5 2^4 2^3 2^2 2^1 2^0 となるので

$$2^6 \quad 2^5 \quad 2^4 \quad 2^3 \quad 2^2 \quad 2^1 \quad 2^0$$

$$1 \quad 0 \quad 1 \quad 0 \quad 1 \quad 1 \quad 1$$

$$1 \times 2^6 + 0 \times 2^5 + 1 \times 2^4 + 0 \times 2^3 + 1 \times 2^2 + 1 \times 2^1 + 1 \times 2^0 = 64 + 16 + 4 + 2 + 1$$

$$= 87 \qquad\qquad 答え(\quad 87 \quad)$$

問題 1-2　2 進小数を 10 進数に変換解答
問題 1-2　次の 2 進小数を 10 進数にしなさい。

0.1101

【解】左から各桁の位が $2^{-1} \quad 2^{-2} \quad 2^{-3} \quad 2^{-4}$ となるので

$$2^{-1} \quad 2^{-2} \quad 2^{-3} \quad 2^{-4}$$

$$0.1 \quad 1 \quad 0 \quad 1$$

$$1 \times 2^{-1} + 1 \times 2^{-2} + 0 \times 2^{-3} + 1 \times 2^{-4} = 0.8125$$

$$答え(\quad 0.8125 \quad)$$

問題 1-3　小数を含んだ 2 進数を 10 進数に変換解答
問題 1-3　次の 2 進数を 10 進数にしなさい。

① 1111.1011

【解】整数部分は

8+4+2+1＝15

小数部分は

左から各桁の位が 2^{-1} 2^{-2} 2^{-3} 2^{-4} となるので

$$2^{-1} \quad 2^{-2} \quad 2^{-3} \quad 2^{-4}$$

$$0.1 \quad 0 \quad 1 \quad 1$$

$1 \times 2^{-1} + 0 \times 2^{-2} + 1 \times 2^{-3} + 1 \times 2^{-4} = 0.5 + 0.125 + 0.0625$

$$= 0.6875 \qquad\qquad 答え(\quad 15.6875 \quad)$$

② 1110.11

【解】①において2進数1111は10進数で15なので

```
1111 ・・・・・ 15

－    1 ・・・   －01
─────────────────
1110 ・・・・・ 14
```

となり，整数部分は14である。小数部分は

$$1 \times 2^{-1} + 1 \times 2^{-2} = 0.5 + 0.25 = 0.75 \qquad 答え(\quad 14.75 \quad)$$

③ 1 0000 0000

【解】 $1 \times 2^8 = 256$

答え(　　256　　)

④　1111 1111

【解】③において2進数 1 0000 0000 は 10 進数で 256 なので

$$10000\ 0000 \cdot \cdot \cdot \cdot \cdot 256$$

$$\underline{-\hspace{3.5cm}1} \cdot \cdot \cdot \underline{-\hspace{1cm}1}$$

$$1111\ 1111 \cdot \cdot \cdot \cdot \cdot 255$$

答え(　　255　　)

⑤　1111 1110

【解】④において2進数 1111 1111 は 10 進数で 255 なので

$$1111\ 1111 \cdot \cdot \cdot \cdot \cdot 255$$

$$\underline{-\hspace{3.5cm}1} \cdot \cdot \cdot \underline{-\hspace{1cm}1}$$

$$1111\ 1110 \cdot \cdot \cdot \cdot \cdot 254$$

答え(　　254　　)

⑥　1111 1100

【解】④において2進数 1111 1111 は 10 進数で 255 なので

$$1111\ 1111 \cdot\ \cdot\ \cdot\ \cdot\ 255$$

$$-\ \underline{\hspace{4em}11} \cdot\ \cdot\ \cdot\ -\underline{\hspace{3em}3}$$

$$1111\ 1100 \cdot\ \cdot\ \cdot\ \cdot\ 252$$

答え(　252　)

⑦　1111 1000

【解】④において 2 進数 1111 1111 は 10 進数で 255 なので

$$1111\ 1111 \cdot\ \cdot\ \cdot\ \cdot\ 255$$

$$-\ \underline{\hspace{4em}111} \cdot\ \cdot\ \cdot\ -\underline{\hspace{3em}7}$$

$$1111\ 1000 \cdot\ \cdot\ \cdot\ \cdot\ 248$$

答え(　248　)

問題 1-4　4 ビットの負の 2 進数 10 進数に変換解答
問題 1-4　4 ビットの負の 2 進数 1011 を 10 進数に変換しなさい。

【解】2 進数 1011 の 2 の補数を求める。

①　2 進数 1011 を反転すると　0100　となる。

②　0100＋1＝0101　である。

これは，10 進数の 5 である。答えは，先頭ビットが 1 で負なので - 5 である。

答え(　-5　)

問題 1-5　8 ビットの負の 2 進数を 10 進数に変換解答

問題 1-5　8 ビットの負の 2 進数 1101 0011 を 10 進数にしなさい。

【解】2 進数 11101101 の 2 の補数を求める。

裏技より，即補数は **0010 1101** となる。この **2** 進数を **10** 進数にする。

32+8+4+1＝45 となり，答えは**-45** となる。

答え(　-45　)

問題 1-6　10 進数を 2 進数に変換解答

問題 1-6　10 進数 33 を 2 進数にしなさい。

【解】**33** を **2** で割って余りを書いて行き，矢印の方向に大きい位から書けばよい。したがって，**10** 進数 **33** は，**2** 進数では，**100001** となる。

$$
\begin{array}{l}
2\underline{)\,33} \\[2pt]
2\underline{)\,16} \cdots\cdots 1 \\[2pt]
2\underline{)\ \,8} \cdots\cdots 0 \\[2pt]
2\underline{)\ \,4} \cdots\cdots 0 \\[2pt]
2\underline{)\ \,2} \cdots\cdots 0 \\[2pt]
2\underline{)\ \,1} \cdots\cdots 0 \\[2pt]
\quad\ \ 0 \cdots\cdots 1
\end{array}
$$

答え(100001)

問題 1-7　負の 10 進数を 8 ビットの 2 進数に変換解答

問題 1-7　負の 10 進数-33 を 8 ビットの 2 進数にしなさい。

【解】10 進数 33 は，2 進数では，100001 となる。2 進数 100001 を 8 ビットで表すと，0 を付加して 00100001 となる。00100001 の 2 の補数を求めると，

答え(11011111)

問題 1-8　10 進数を 2 進数に変換解答
問題 1-8　10 進数 0.875 を 2 進数にしなさい。

【解】0.875 に 2 をかけて，次にに示すように整数部分 1 を右側に書きだす。残った小数部分 0.75 を下に書いて 2 を掛ける。整数部分の 1 を右に書いて，残った小数部分 0.5 を下に書く。以後，次に示すように小数部分が 0 になるまで繰り返す。答えは，位の一番高い小数第 1 位から矢印の方向に，右側の整数を書いていく。

答え(0.111)

$$0.875 \times 2 = 1.75 \cdots 1$$

$$0.75 \times 2 = 1.5 \cdots 1$$

$$0.5 \times 2 = 1.0 \cdots 1$$

0

問題 1-9　小数を含んだ 10 進数を 2 進数に変換解答
問題 1-9　10 進数 30.875 を 2 進数にしなさい。

【解】整数部分 30 を 2 進数にする

```
            16  8  4  2  1

              1  1  1  1  0

  30

 − 16

  14

 −  8

   6

 −  4

   2

 −  2

   0
```

整数部分は **11110** である。小数部分は問題 **1-9** より **0.111** である。したがって

答え（ 11110.111 ）

問題 1-10　2 進数の和解答

問題 1-10　次の 2 進数 1101 0001 と 1010 1101 の和を 2 進数で求めなさい。

【解】1 桁目の和は 10 進数で 2 となり，2 進数では桁が 1 つ上がって 0 となる。

```
        1101  0001

     +  1010  1101

       10111  1110
```

答え（ 10111 1110 ）

問題 1-11　2 進数の差解答

問題 1-11　次の 2 進数 1101 0001 から 1010 1101 を引いた差を 2 進数で求めなさい。

【解】引く数 10101101 の 2 の補数 0101 0011 を加算して，4 ビットより前に出た
1 を入れない 2 進数が答えである。

$$1101\ 0001 \qquad\qquad 1101\ 0001$$

$$\underline{-1010\ 1101} \qquad \rightarrow \quad \underline{+0101\ 0011}$$

$$0010\ 0100$$

答え（ 0010 0100 ）

問題 1-12　2 進数の積解答

問題 1-12　次の 2 進数 1101 1001 と 101 の積を 2 進数で求めなさい。

【解】

$$11011001$$

$$\underline{\times\qquad 101}$$

$$11011001$$

$$00000000$$

$$\underline{11011001}$$

$$10000111101$$

答え（ 10000111101 ）

問題 1-13　2 進数の商解答

問題 1-13　次の 2 進数 1100100 を 101 で割った商を 2 進数で求めなさい。

```
           10100
        ───────────
    101)1100100
          −101
          ───
           101
          −101
          ───
             0
```

【解】

答え（ 10100 ）

問題1-14 符号なし2進数の2の3乗倍解答

問題**1-14**　4ビットコンピュータにおいて，符号なし2進数0001を2^3倍した結果を2進数で求めなさい。

【解】一般に，符号なしの2進数を2^n倍するには，左にnビットシフトする。したがって，この問題では2^3倍なので，3ビット左にシフトすればよい。

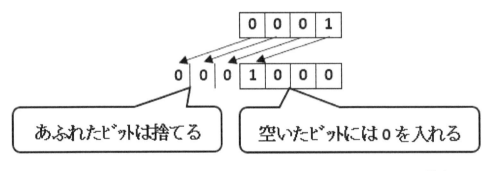

答え(1000)

問題1-15　2進数を2の3乗で割る解答

問題**1-15**　4ビットコンピュータにおいて，符号なし2進数1000を2^3で割った結果を2進数で求めなさい。

【解】一般に，符号なしの 2 進数を 2^n で割るには，右に n ビットシフトする。
したがって，この問題では 2^3 で割るので，3 ビット右にシフトすればよい。

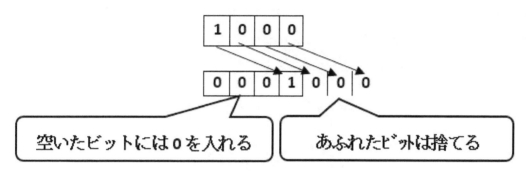

答え(0001)

問題 1-16　符号付き 2 進数を 2 の 3 乗倍の解答

問題 1-16　4 ビットコンピュータにおいて，符号付き 2 進数 1111（10 進数で-1）
を 2^3 倍した結果を 2 進数で求めなさい。

【解】一般に，符号付きの 2 進数を 2^n 倍するには，符号ビットを固定して，他
のビットはすべて左に n ビットシフトする。

したがって，この問題では 2^3 倍なので，3 ビット左にシフトすればよい。

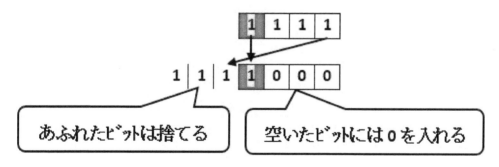

答えは 1000 となり，10 進数で-8 となる。

答え(1000)

問題 1-17　符号付き 2 進数を 2 の 3 乗で割る解答

問題 1-17　4 ビットコンピュータにおいて，符号付き 2 進数 1000

（10進数で-8）を 2^3 で割った結果を2進数で求めなさい。

【解】一般に，符号付きの2進数を 2^n 割るには，空いたビットに符号ビットと同じ値を入れて，他のビットはすべて右にnビットシフトする。

したがって，この問題では 2^3 で割るので，3ビット右にシフトすればよい。

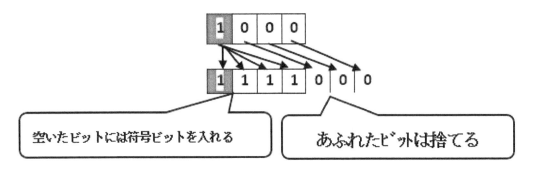

空いたビットには符号ビットを入れる　　　　　あふれたビットは捨てる

よって，答えは2進数で **1110** となり，**10** 進数では**-2** となる。

答え(**1111**)

第2章　問題解答
問題2-1　8進数を10進数に変換解答
問題2-1　次の8進数を10進数に変換しなさい。

① 375

【解】左から各桁の位が 8^2 , 8^1 , 8^0 となるので

$$8^2 \quad 8^1 \quad 8^0$$

$$3 \quad 7 \quad 5$$

$3 \times 8^2 + 7 \times 8^1 + 5 \times 8^0 = 192 + 56 + 5 = 253$

答え　（　253　）

② 0.71

【解】左から各桁の位が 8^{-1} , 8^{-2} となるので

$$8^{-1} \quad 8^{-2}$$

$$0 \ . \ 7 \ 1$$

$7 \times 8^{-1} + 1 \times 8^{-2} = 0.875 + 0.015625 = 0.890625$

答え　（　0.890625　）

③ 561.34

【解】左から各桁の位が 8^2 , 8^1 , 8^0 , 8^{-1} , 8^{-2} となるので

$$8^2 \quad 8^1 \quad 8^0 \quad 8^{-1} \quad 8^{-2}$$

$$5 \quad 6 \quad 1 \ . \ 3 \quad 4$$

$$5×8^2+6×8^1+1×8^0+3×8^{-1}+4×8^{-2}=320+48+1+0/375+0.0625=369.4375$$

答え　（　369.4375　）

問題 2-2　8進数を2進数に変換解答

問題 2-2　次の8進数を2進数に変換しなさい。

① 234

【解】8進数の各桁を3ビットの2進数に変換する。

2	3	4
010	011	100

答え(　010 011 100　)

② 0.765

【解】8進数の各桁を3ビットの2進数に変換する。

0 ●	7	6	5
0	111	110	101

答え(0.111 1101101)

③ 35.73

【解】8進数の各桁を3ビットの2進数に変換する。

3	5 ●	7	3
0 1 1	101	111	011

答え(011 101.111 011)

問題 2-3　１０進数を8進数に変換解答

問題 2-3　次の１０進数を8進数に変換しなさい。

① 253

【解】253 を2進数にする。10進数 255 は 1111 1111 であり 253 は 255 から 2 をひいたものであるから，次のように 10 進数と2進数を対応させれば簡単に2進数が求められる。

96

$$\begin{array}{r} 255 \\ -\quad 2 \\ \hline 253 \end{array} \qquad \begin{array}{r} 1111\,1111 \\ -\qquad 10 \\ \hline 1111\,1101 \end{array}$$

したがって，**253** の **2** 進数は **1111 1101** となる。この **2** 進数を **3** 桁ごとに区切って **8** 進数にする。**3** 桁にならないところは **0** を付加する。

011	111	101
3	7	5

答え(375)

② 0.75

【解】10 進数 0.75 を 2 進数に変換して，小数点を基準にして，3 桁ごとに区切って，8 進数に変換する。

$$0.75 \times 2 = 1.5 \cdots \cdots 1$$
$$0.5 \times 2 = 1.0 \cdots \cdots 1$$
$$0$$

10 進数 0.75 の 2 進数は 0.11 となる。

0	●	110
0		6

答え(0.6)

③ 255.5

【解】10 進数 255.5 を 2 進数に変換して，小数点を基準にして 3 桁ごとに区切って 8 進数に変換する。255.5 の 2 進数は 1111 1111.1 となる。

011	111	111 ●	100
3	7	7	4

答え(377.4)

第3章　問題解答
問題3-1　１６進数を１０進数に変換解答
問題3-1　次の１６進数を１０進数に変換しなさい。

① 　7F

【解】左から各桁の位が 16^1 , 16^0 となるので

$$16^1 \quad 16^0$$

$$7 \quad F$$

$7×16^1+15×16^0=112+15=127$

答え 　（ 　127 　）

② 　0. E4

【解】左から各桁の位が 16^{-1} , 16^{-2} となるので

$$16^{-1} \quad 16^{-2}$$

$$0. \quad E \quad 4$$

$14×16^1+4×16^{-2}=0.875+0.015625=0.890625$

答え 　（ 　0.890625 　）

③ 　3A.8

解】左から各桁の位が 16^1 , 16^0 となるので

$$16^1 \quad 16^0 \quad 16^{-1}$$

$$3 \quad A . 8$$

$3×16^1+10×16^0+8×16^{-1}=48+10+0.5=58.5$

答え　（　58.5　）

問題 3-2　１６進数を２進数に変換解答

問題 **3-1** の①〜③の１６進数を２進数に変換しなさい。

① **7F**

【解】16 進数の各桁を **4** ビットの **2** 進数に変換する。

7	F
0111	1111

答え　（　0111 1111　）

② **0.E4**

【解】16 進数の各桁を **4** ビットの **2** 進数に変換する。

0 ●	E	4
0	1110	0100

答え　（　0.1110 0100　）

③ **3A.8**

【解】16 進数の各桁を **4** ビットの **2** 進数に変換する。

3	A ●	8
0011	1010	1000

答え　（　0011 1010.1　）

問題 3-3　１０進数を１６進数に変換解答

問題 **3-3**　次の１０進数を１６進数に変換しなさい。

① **250**

【解】250 を 2 進数にする。10 進数 255 は 1111 1111 であり 250 は 255 から 5 を
ひいたものであるから，次のように 10 進数と 2 進数を対応させれば簡単に 2 進数
が求められる。

$$
\begin{array}{rr}
255 & 1111\ 1111 \\
-\ \ \ 5 & -\qquad 101 \\
\hline
250 & 1111\ 1010
\end{array}
$$

したがって，250 の 2 進数は 1111 1010 となる。この 2 進数を 4 桁ごとに区切って
16 進数にする。

$$
\begin{array}{c|c}
1111 & 1010 \\
F & A
\end{array}
$$

答え(FA)

② 0.75

　【解】10 進数 0.75 を 2 進数に変換して，小数点を基準にして，4 桁ごとに区切っ
て，16 進数に変換する。

$$
0.75 \times 2 = 1.5 \cdots\cdots 1 \\
0.5 \times 2 = 1.0 \cdots\cdots 1 \\
0
$$

10 進数 0.75 の 2 進数は 0.11 となる。

$$
\begin{array}{c|c}
0 \bullet & 1100 \\
0 & C
\end{array}
$$

答え(0.C)

③ 250.75

　【解】10 進数 250.75 を 2 進数に変換して，小数点を基準にして，4 桁ごとに区切
って 16 進数に変換する。10 進数 250.75 は①，②より 1111 1010.11 となる。

1111	1010 ●	1100
F	A	C

答え　（　FA.C　）

問題 3-4　１０進数を８進数に変換解答

問題 3-4　問題 3-3 の①～③の１０進数を８進数にしなさい。

① 　250

【解】10 進数 250 を 2 進数に変換し，その 2 進数を 3 桁ごとに区切って 8 進数にする。10 進数 250 の 2 進数は問題 3-3 の①より 1111 1010 である。

011	111	010
3	7	2

答え(372)

② 　0.75

【解】10 進数 0.75 を 2 進数に変換し，小数点を基準にして 3 桁ごとに区切って 8 進数に変換する。10 進数 0.75 の 2 進数は問題 3-3 の②より 0.11 となる。

0 ●	110
0	6

答え(0.6)

③ 　250.75

【解】10 進数 250.75 を 2 進数に変換して，小数点を基準にして，3 桁ごとに区切って 8 進数に変換する。10 進数 250.75 は①，②より 1111 1010.11 となる。

011	111	010 ●	110
3	7	2	6

答え　（　372.6　）

問題 3-5　１６進数を８進数に変換解答

問題 3-5　問題 3-2 の①～③の１６進数を８進数にしなさい。

① 7F

【解】16 進数の各桁を 4 ビットの 2 進数に変換すると 0111 1111 となる。その 2
進数を 3 桁ごとに区切って 8 進数に変換する。

001	111	111
1	7	7

答え　（　177　）

② 0.E4

【解】16 進数の各桁を 4 ビットの 2 進数に変換し，その 2 進数を小数点を基準に
して 3 桁ごとに区切って 8 進数に変換する。16 進数 0.E4 の 2 進数は，問題 3-2②
より 0.1110 0100 である。

0 ● 111	001
0 　 7	1

答え　（　0.71　）

③ 3A.8

【解】16 進数の各桁を 4 ビットの 2 進数に変換し，その 2 進数を小数点を基準に
して 3 桁ごとに区切って 8 進数に変換する。16 進数 3A.8 の 2 進数は，問題 3-2③
より 0011 1010.1000 である。

111	010 ● 100
7	2 　 4

答え　（　72.4　）

問題 3-6　２進数を１６進数に変換解答

問題 3-6　次の２進数を１６進数に変換しなさい。

① 1100 1010 0111

【解】2 進数 1100 1010 0111 を 4 桁ごとに区切って 16 進数に変換する。

1100	1010	0111
8+4	8+2	4+2+1
C	A	7

答え　（　CA7　）

② 0.1011 01

【解】16 進数の各桁を 4 ビットの 2 進数に変換し，その 2 進数を小数点を基準にして 4 桁ごとに区切って 16 進数に変換する。4 桁にならないところは 0 を付加する。

0 ●	1011	0100
0	B	4

答え　（　0.B4　）

③ 1100 1010 0111.1011 01

【解】16 進数の各桁を 4 ビットの 2 進数に変換し，その 2 進数を小数点を基準にして 4 桁ごとに区切って 16 進数に変換する。4 桁にならないところは 0 を付加する。

1100	1010	0111 ●	1011	0100
C	A	7	B	4

答え　（　CA7.B4　）

問題 3-7　8 進数を 16 進数に変換解答

問題 3-7　次の 8 進数を 16 進数に変換しなさい。

① 734

【解】8 進数の各桁を 3 ビットの 2 進数に変換し，その 2 進数を 4 桁ごとに区切って 16 進数に変換する。

7	3	4
111	011	100

したがって，2進数は **111 011 100** となる。この2進数を4桁ごとに区切って

0001	1101	1100
1	D	C

答え　（　**1DC**　）

② **0.42**

【解】8進数の各桁を3ビットの2進数に変換し，その2進数を4桁ごとに区切っ

0 ●	4	2
0	100	010

0 ●	1000	1000
0	8	8

て16進数に変換する。

したがって，2進数は **111 011 100** となる。この2進数を4桁ごとに区切って

答え　（　**0.88**　）

③ **734.42**

104

【解】8進数の各桁を3ビットの2進数に変換し，その2進数を4桁ごとに区切っ

7	3	4	4	2
111	011	100	100	010

0001	1101	1100	1000	1000
1	D	C	8	8

て16進数に変換する。

したがって，2進数は 111 011 100.100 010 となる。この2進数を4桁ごとに区切っ

て

答え （ 1DC.88 ）

問題 3-8　負の10進数を16進数に変換解答

問題 3-8　8ビットコンピュータにおいて，負の10進数−66 を16進数に変換

しなさい。次の手順で求めなさい。

①　+66 を2進数に変換する。

【解】【2進数変換裏技】次の手順で解く。

①　2^6 2^5 2^4 2^3 2^2 2^1 2^0 の位 64 32 16 8 4 2 1 を書く。次に 66 から最大に位

64=2^6 を引く。

引くことができた位の下に 1 を書く。

②　2 から 32 は引けないので，32 の位の下に 0 を書く。

③　2 から 16 も引けないので，引けない位 16 の下に 0 を書く。

④　2 から 8 も引けないので，引けない位 8 の下に 0 を書く。

⑤　2 から 4 も引けないので，引けない位 4 の下に 0 を書く。

⑥　2 から 2 を引けるので 2 の位の下に 1 を書く。2 から 2 を引くと 0 になるので

終わる。

```
              64 32 16 8 4 2 1

    66         1  0  0  0 0 1 0

  － 64

    2

  － 2

    0
```

各位の下の数 **1000010** が答えである。

②　①の2進数の2の補数を求める。

①で求めた **2** 進数に **0** を付加して **8** ビットにする。

01000010

この補数を次の【2の補数を求める裏技】を使用して求める。

```
┌─────────────────────────────────┐
│  【2の補数を求める裏技】             │
│  右から見て，最初に現れる1までそのままで │
│  以後1と0を反転する。               │
└─────────────────────────────────┘
```

よって，**01000010** の **2** の補数は **1011 1110** となる。

④　②の2進数を4桁ごとに区切って１６進数に変換する。

1011	1110
8+2+1	8+4+2
B	E

答え　（　**BE**　）

第4章　問題解答

問題 4-1　10 進数を 2 進化 10 進に変換の解答

問題 4-1　次の **10** 進数を **2** 進化 **10** 進に変換しなさい。

① **378**

【解】10 進数の各桁を **4** ビットの **2** 進数に変換する。

3	7	8
0011	0111	1000

答え　（　0011 0111 1000　）

② **0.573**

【解】10 進数の各桁を **4** ビットの **2** 進数に変換する。

0	●	5	7	3
0		0101	0111	0011

答え　（　0.0101 0111 0011　）

③ **378.573**

【解】10 進数の各桁を **4** ビットの **2** 進数に変換する。

3	7	8 ●	5	7	3
0011	0111	1000	0101	0111	0011

答え　（　0011 0111 1000.0101 0111 0011　）

問題 4-2　10 進数をゾーン 10 進数で表現の解答

問題 4-2　次の **10** 進数をゾーン **10** 進数で表現しなさい。

① ＋**731**

【解】下図のようにゾーンビットに 1111 を入れ，符号ビットに＋（1100）を入れる。その他には，731 の各位に２進化１０進数を入れる。

1111	0111	1111	0011	1100	0001
ゾーンビット	7	ゾーンビット	3	＋	1

② －345

【解】下図のようにゾーンビットに 1111 を入れ，符号ビットに-（1101）を入れる。その他には，345 の各位に２進化１０進数を入れる。

1111	0011	1111	0100	1101	0101
ゾーンビット	3	ゾーンビット	4	－	5

問題 4-3　10 進数をパック 10 進数で表現解答

問題　**4-3**　次の **10** 進数をパック **10** 進数で表現しなさい。

① ＋573

【解】下図のように符号部分以外には２進化１０進数を入れている。

0101	0111	0011	1100
5	7	3	＋

② －8765

【解】下図のように符号部分以外には２進化１０進数を入れている。

0000	1000	0111	0110	0101	1101
0	8	7	6	5	－

問題 4-4　負の 10 進数を 4 バイトの浮動小数点形式で表現の解答

問題 4-4　次の 10 進数－172.6875 を 4 バイトの浮動小数点形式で表現しなさい。ただし，仮数部の符号を 1 ビット，指数部を 7 ビット，仮数部を 24 ビットとるものとする。次の手順で求めよ。

（1）2 進数に変換せよ。

【解】まず 10 進数の整数部分 172 を 2 進数にする。

【2 進数変換裏技】次の手順で解く。

①　2^7 2^6 2^5 2^4 2^3 2^2 2^1 2^0 の位 128 64 32 16 8 4 2 1 を書く。次に 172 から最大の位 128=2^7 を引く。

引くことができた位の下に 1 を書く。

②　引いた結果 44 から 64 は引けないので，64 の位の下に 0 を書く。

③　44 から 32 は引けるので 32 の位の下に 1 を書く。

④　引いた結果 12 から 16 も引けないので，引けない位 16 の下に 0 を書く。

⑤　12 から 8 は引けるので，8 の位の下に 1 を書く。

⑥　12 から 8 を引いた結果 4 から 4 を引けるので 4 の位の下に 1 を書く。4 から 4 を引くと 0 になるので終わる。

	128	64	32	16	8	4	2	1
172	1	0	1	0	1	1	0	0

$$172$$
$$-\,128$$
$$44$$
$$-\,32$$
$$12$$
$$-\,8$$
$$4$$
$$-\,4$$
$$0$$

各位の下の数 10101100 が 172 の 2 進数である。

次に小数部分 0.6875 を 2 進数にする。

0.6875 に 2 をかけて 1.375 になる。その整数部分 1 を右側に書きだす。残った小

数部分 0.375 を下に書いて 2 を掛けると 0.75 となる。整数部分の 0 を右に書い

て，残った小数部分 0. 75 を下に書く。以後次に示すように小数部分が 0 になるま

で繰り返す。答えは，位の一番高い小数第 1 位から矢印の方向に，右側の整数を

書いていく。したがって，小数部分の 2 進数は 0.1011 となる。

$$0.6875 \times 2 = 1.375 \cdots\cdots 1$$
$$0.375 \times 2 = 0.75 \cdots\cdots 0$$
$$0.75 \times 2 = 1.5 \cdots\cdots 1$$
$$0.5 \times 2 = 1.0 \cdots\cdots 1$$
$$0$$

したがって，**10進数－172.6875**の**2進数は-10101100.1011**となる。

（2）**16進数に変換せよ。**

【解】小数点を基準にして**4桁ごとに区切って，16進数に変換する。**

1010	1100 ●	1011
8+2	8+4	8+2+1
A	C	B

よって，**16進数はAC.B**となる。

（3）**正規化しなさい。**

【解】正規化とは，次の形式のaについて

干 $a \times 16^b$

$0.1 \leqq a < 1.0$ にすることなので

$$-0.ACB \times 16^2$$

（4）**4バイトの浮動小数点形式を2進数で表現しなさい。**

【解】

$$-0.ACB \times 16^2$$

1000	0010	1010	1100	1011	0000	0000	0000

（5）**4バイトの浮動小数点形式を16進数で表現しなさい。**

【解】**4桁ごとを16進数に変換する**

1000	0010	1010	1100	1011	0000	0000	0000
8	2	A	C	B	0	0	0

答え（　**82ACB000**　）

問題 4-5　正の 10 進数を 4 バイトの浮動小数点形式で表現の解答

問題 4-5　次の 10 進数 459.40625 を 4 バイトの浮動小数点形式で表現しなさい。ただし，仮数部の符号を 1 ビット，指数部を 7 ビット，仮数部を 2 4 ビットとるものとする。次の手順で求めよ。

（1）2 進数に変換せよ。

【解】まず 10 進数の整数部分 459 を 2 進数にする。

【2 進数変換裏技】次の手順で解く。

①　2^8 2^7 2^6 2^5 2^4 2^3 2^2 2^1 2^0 の位 256 128 64 32 16 8 4 2 1 を書く。次に 459 から最大の位 256=2^8 を引く。(459-256=203)

引くことができた位の下に 1 を書く。

②　引いた結果 203 から 128 は引けるので，128 の位の下に 1 を書く。

③　75 から 64 は引けるので 64 の位の下に 1 を書く。

④　引いた結果 11 から 32,16 も引けないので，引けない位 32,16 の下に 0 を書く。

⑤　11 から 8 は引けるので，8 の位の下に 1 を書く。

⑥　3 は 2 の位と 1 の位に分けられるので，2 の位と 1 の位に 1 を書く。

	256	128	64	32	16	8	4	2	1
459	1	1	1	0	0	1	0	1	1

$$
\begin{array}{r}
459 \\
-256 \\
\hline
203 \\
-128 \\
\hline
75 \\
-64 \\
\hline
11 \\
-8 \\
\hline
3
\end{array}
$$

各位の下の数 111001011 が 459 の 2 進数である。

次に小数部分 0.40625 を 2 進数にする。

0.40625 に 2 をかけて 0.8125 になる。その整数部分 0 を右側に書きだす。残った

小数部分 0.8125 を下に書いて 2 を掛けると 1.625 となる。整数部分の 1 を右に書

いて，残った小数部分 0.625 を下に書く。以後次に示すように小数部分が 0 にな

るまで繰り返す。答えは，位の一番高い小数第 1 位から矢印の方向に，右側の整

数を書いていく。したがって，小数部分の 2 進数は 0.01101 となる。

$$0.40625 \times 2 = 0.8125 \cdots \cdots 0$$

$$0.8125 \times 2 = 1.625 \cdots \cdots 1$$

$$0.625 \times 2 = 1.25 \cdots \cdots 1$$

$$0.25 \times 2 = 0.5 \cdots \cdots 0$$

$$0.5 \times = 1.0 \cdots \cdots 1$$

0

したがって，**10 進数 459.40625 の 2 進数は 111001011.01101** となる。

（2）**16 進数に変換せよ。**

【解】小数点を基準にして **4 桁ごとに区切って，16 進数に変換**する。
4 桁に足らないところは 0 を付加する。

0001	1100	1011 ● 0110		1000
1	8+4	8+2+1	4+2	8
1	C	B	6	8

よって，**16 進数は 1CB.68** となる。

（3）正規化しなさい。
【解】正規化とは，次の形式の a について
干a×１６^{b}
0.1≦a＜1.0 にすることなので

$$0.1CB68 \times 16^3$$

114

（4）**4**バイトの浮動小数点形式を**2**進数で表現しなさい。

【解】

$$0.1CB68 \times 16^3$$

0000	0011	0001	1100	1011	0110	1000	0000

（5）**4**バイトの浮動小数点形式を**16**進数で表現しなさい。

【解】**4**桁ごとを**16**進数に変換する

0000	0011	0001	1100	1011	0110	1000	0000
0	3	1	C	B	6	8	0

答え（　**031CB680**　）

第**5**章　総合問題解答

5-1　基本問題解答

問題 5-1　2進数を 10 進数に変換解答

問題 5-1　次の**2**進数を**１０**進数にしなさい。

① 11100101

【解】左から各桁の位が 2^7 2^6 2^5 2^4 2^3 2^2 2^1 2^0 となるので

$$2^7 \ 2^6 \ 2^5 \ 2^4 \ 2^3 \ 2^2 \ 2^1 \ 2^0$$

$$\textbf{1 \ 1 \ 1 \ 0 \ 0 \ 1 \ 0 \ 1}$$

$$1{\times}2^7+1{\times}2^6+1{\times}2^5+1{\times}2^2+1{\times}2^0=128+64+32+4+1$$

$$=229$$

② 1 1 1 1 1 0 0 0

【解】 2進数 1111 1111 は 10 進数で 255 なので

1111 1111・・・・・255

－ 111・・－ 7

1111 1000・・・・・248

答え(248)

③ 1 1 1 1 1 0 0 1

【解】 2進数 1111 1111 は 10 進数で 255 なので

1111 1111・・・・・255

－ 110・・・－ 6

1111 1001・・・・・249

答え(　249　)

問題 5-2　2 進数を 16 進数に変換解答

問題 5-2　次の 2 進数を１６進数にしなさい。

① 1110　0101

【解】2 進数 1110 0101 を 4 桁ごとに区切って１６進数にする。

1110	0101
8+4+2	4+1
E	5

4 桁ごとの 2 進数を１０進数にして１０を超えると **10** を A，**11** を B，**12** を C，**13** を D，**14** を E，**15** を F にする。

答え(　E5　)

② 1100　1001

【解】2 進数 1100 1001 を 4 桁ごとに区切って１６進数にする。

1100	1001
8+4	4+1
C	5

4 桁ごとの 2 進数を１０進数にして１０を超えると **10** を A，**11** を B，**12** を C，**13** を D，**14** を E，**15** を F にする。

答え(　C5　)

③ 1101　0111

【解】2 進数 1101 0111 を 4 桁ごとに区切って１６進数にする。

4 桁ごとの 2 進数を１０進数にして１０を超えると **10** を A，**11** を B，**12** を C，

1101	0111
8+4+1	4+2+1
D	7

13 を D，**14** を E，**15** を F にする。

答え(　**D7**　)

問題 5-3　16 進数を 2 進数に変換解答

問題 **5-3**　次の１６進数を２進数にしなさい。

① 　5 E

【解】16 進数の各桁を **4** ビットの **2** 進数に変換する。

E	5
1110	0101

答え(　**1110 0101**　)

② 　A C

【解】16 進数の各桁を **4** ビットの **2** 進数に変換する。

A	C
1010	1100

答え(　**1010 1100**　)

③ 　9 B D

【解】16 進数の各桁を **4** ビットの **2** 進数に変換する。

9	B	D
1001	1011	1101

答え(　**1001 1011 1101**　)

問題 5-4　10 進数を 2 進数に変換解答

問題 5-4　次の１０進数を２進数にしなさい。

① 100

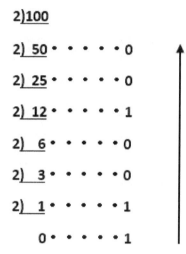

　　　　　　　　　　　　　　　　　答え(　1100100　)

② ６６

【2 進数変換裏技】次の手順で解く。

① 2^6 2^5 2^4 2^3 2^2 2^1 2^0 の位 64 32 16 8 4 2 1 を書く。次に 66 から最大の位 $64=2^6$ を引く。66-64＝2

引くことができた位の下に 1 を書く。

②2 から 2 を引けるので 2 の位の下に 1 を書く。2 から 2 を引くと 0 になるので終わる。

```
                              64 32 16  8  4  2  1

         66                    1  0  0  0  0  1  0

        － 64

          2

        － 2

          0
```

答え(　1000010　)

③　133

【2進数変換裏技】次の手順で解く。

①　2^7 2^6 2^5 2^4 2^3 2^2 2^1 2^0 の位 128 64 32 16 8 4 2 1 を書く。次に 133 から最大の位 128=2^7 を引く。133-128＝5

引くことができた位の下に1を書く。

②54の位と1の位に分けられるので4の位と1の位の下に1を書く。

```
                         128 64 32 16  8  4  2  1

         133              1   0  0  0  0  1  0  1

        － 128

          5
```

答え(　10000101　)

問題 5-5　10 進数を 16 進数に変換解答

問題 5-5　次の 10 進数を 16 進数にしなさい。

①　48

【解】10 進数を 48 を 16 で割っていき余りを下から書いていく。

16)48

16)3 ・・・・・0   ↑

0 ・・・・・3

答え(　30　)

③　70

【解】10進数を70を16で割っていき余りを下から書いていく。

16)70

16)4 ・・・・・6   ↑

0 ・・・・・4

答え(　46　)

問題5-6　16進数を10進数に変換解答

問題5-6　次の16進数を10進数にしなさい。

①　DE

【解】左から各桁の位が 16^1 , 16^0 となるので

$$16^1\ 16^0$$

D E

$$13 \times 16^1 + 14 \times 16^0 = 208 + 14 = 222$$

答え(　222　)

②　BC

【解】左から各桁の位が 16^1 , 16^0 となるので

$$16^1\ 16^0$$

B C

$$11 \times 16^1 + 12 \times 16^0 = 176 + 12 = 188$$

答え(188)

③ 7 **AD**

【解】左から各桁の位が 16^2 , 16^1 , 16^0 となるので

$$16^2 \ 16^1 \ 16^0$$

7 A D

$$7 \times 16^2 + 10 \times 16^1 + 13 \times 16^0 = 1792 + 160 + 13 = 1965$$

答え(1965)

問題 5-7 負の 10 進数を 2 進数に変換解答

問題 5-7 次の負の 10 進数を 2 進数にしなさい。

① -56

【解】次の手順で求めればよい。

10 進数 56 を 2 進数に変換する。

【2 進数変換裏技】次の手順で解く。

① $2^5 \ 2^4 \ 2^3 \ 2^2 \ 2^1 \ 2^0$ の位 32 16 8 4 2 1 を書く。次に 56 から最大の位 32=2^5 を引く。56-32＝24

引くことができた 32 位の下に 1 を書く。

②24 は 16 の位と 8 の位に分けられるので 16 の位と 8 の位の下に 1 を書く。

```
                    32 16 8 4 2 1
          56           1  1 1 0 0 0
         － 32
          24
         － 16
           8
```

したがって，**10** 進数 **56** は，**2** 進数では，**111000** となる。**2** 進数 **111000** を **8** ビットで表すと，**0** を付加して **00111000** となる。**00111000** の **2** の補数を求めると，答え **11001000** となる。

答え(**11001000**)

② －**70**

【解】 +**70** の **2** 進数を求めて，その **2** の補数を求める。

1 0 進数の+**70** は，問題 **5-5** の③で **16** 進数が **46** で求められている。

16 進数 **46** を **2** 進数にするには，

16 進数の各桁を **4** ビットの **2** 進数に変換する。

4	6
0100	0110

したがって，**10** 進数 **56** は，**2** 進数では，**0100 0110** となる。**0100 0110** の **2** の補数を求めると，答え **1011 1010** となる。

答え(**1011 1010**)

③ －**87**

【解】次の手順で求めればよい。

10 進数 87 を 2 進数に変換する。

【2 進数変換裏技】次の手順で解く。

① 2^6 2^5 2^4 2^3 2^2 2^1 2^0 の位 64 32 16 8 4 2 1 を書く。次に 87 から最大の位 64=2^6 を引く。87-63＝23

引くことができた 64 位の下に 1 を書く。

②23 から 16 が引けるので，16 の位に 1 を書く，7 は 4，2，1 の位に分けられるの

で 4,2,1 位の下に 1 を書く。

	64	32	16	8	4	2	1
87	1	0	1	0	1	1	1

$$\begin{array}{r} 87 \\ -\ 64 \\ \hline 23 \\ -\ 16 \\ \hline 7 \end{array}$$

したがって，10 進数 87 は，2 進数では，1010111 となる。2 進数 1010111 を 8 ビットで表すと，0 を付加して 01010111 となる。01010111 の 2 の補数を求めると，答え 10101001 となる。

答え(　10101001　)

問題 5-8　①符号なし 10 進数と 2 進数の表を完成解答

問題 **5-8** 次の表を完成させよ

進数の対比

①　論理演算（正の 2 進数：先頭ビットを正・負符号としない 2 進数）

次表の 1 0 進数 0 から 2 0 までの 2 進数を入れなさい。

【解】

問題 5-8　②符号付き 10 進数と 2 進数の表を完成解答

②　算術演算

先頭ビットを符号とする。

先頭ビットが 0 の時正，1 の時負で表現する

10進数	2進数
0	0000
1	0001
2	0010
3	0011
4	0100
5	0101
6	0110
7	0111
8	1000
9	1001
10	1010
11	1011
12	1100
13	1101
14	1110
15	1111
16	10000
17	10001
18	10010
19	10011
20	10100

10進数	2進数
7	0111
6	0110
5	0101
4	0100
3	0011
2	0010
1	0001
0	0000
−1	1111
−2	1110
−3	1101
−4	1100
−5	1011
−6	1010
−7	1001
−8	1000

−1は，1の2の補数をとったものである。−2は＋2の2の補数を問ったもの
である。逆に−2の2の補数をとれば0010となり＋2となる。

問題 5-8　③10 進数，16 進数，2 進化 10 進数，8 進数の表を完成解答

③１０進数に対応した１６進数，２進化１０進数，８進数を入れなさい。

【解】

１０進数	１６進数	BCD ２進化１０進数	８進数
0	0	0000 0000	0
1	1	0000 0001	1
2	2	0000 0010	2
3	3	0000 0011	3
4	4	0000 0100	4
5	5	0000 0101	5
6	6	0000 0110	6
7	7	0000 0111	7
8	8	0000 1000	10
9	9	0000 1001	11
10	A	0001 0000	12
11	B	0001 0001	13
12	C	0001 0010	14
13	D	0001 0011	15
14	E	0001 0100	16
15	F	0001 0101	17
16	10	0001 0110	20

問題 5-9　2 進数，8 進数，10 進数，16 進数の表の空欄を完成解答

問題 5-9　次の空欄を埋めよ

【解】

２進数	８進数	１０進数	１６進数
1111 1011	①373	−5	FB
②0111 1111	③177	127	7F
0101 0101	125	④85	⑤55
1010 1111	257	⑥−81	AF

①〜⑥の詳細な解説は次に示す。

①　2 進数 1111 1011 を 3 桁ごとに区切って，各位を計算する。

$$
\begin{array}{c|c|c}
0\ 1\ 1 & 1\ 1\ 1 & 0\ 1\ 1 \\
0+2+1 & 4+2+1 & 0+2+1 \\
3 & 7 & 3
\end{array}
$$

②16 進数 7 F から求める。7 と F（10 進数 15）を各 4 ビットの 2 進数に変換する。

$$
\begin{array}{c|c}
7 & F \\
0111 & 1111
\end{array}
$$

③　②の 2 進数 0111 1111 を 3 桁ごとに区切って，各位を計算する。

$$
\begin{array}{c|c|c}
0\ 0\ 1 & 1\ 1\ 1 & 1\ 1\ 1 \\
0+0+1 & 4+2+1 & 0+2+1 \\
1 & 7 & 7
\end{array}
$$

④　8 進数 1 2 5 から求める。

$$
1\times8^2+2\times8^1+5\times8^0＝64+16+5＝85
$$

⑤　2 進数 0101 0101 を 4 桁ごとに区切って 16 進数に変換する。

$$
\begin{array}{c|c}
0101 & 0101 \\
4+1 & 4+1 \\
5 & 5
\end{array}
$$

⑥　1 行目の 2 進数 1111 1011 に対する 10 進数が - 5 より，先頭ビット 1 が負の符号ビットを表していることから，1010 1111 の 2 進数の先頭ビットが 1 より負の数であることが分かる。

（1）1010 1111 の2の補数を求めると

0101 0001 となる。 （裏技：右から見て最初に現れる1までそのままで以後反転するを使用）

求め方①反転する　　　0101 0000

②1を加える　　　+　　　　　1

0101 0001

（2）10進数にする。

64+16+1=81

（3）答えは負なので-81 となる。

問題 5-10　各種の進数を変換解答

問題 5-10　次の問に答えよ。

①2進数 010111 と 10進数 19 和は 2進数では 101010 と表現される。

19 を 2進数にすると 10011 となる。

01 0111

+ 1 0011

10 1010

②16進数 265 は 10進数の 613 に等しい。

$$2\times16^2+6\times16^1+5\times16^0＝512+96+5＝613$$

③10進数 0.8 を 2進数に変換すると 0.11001 （5けたまで）となる。

$$0.8 \times 2 = 1.6 \cdots 1$$

$$0.6 \times 2 = 1.2 \cdots 1$$

$$0.2 \times 2 = 0.4 \cdots 0$$

$$0.4 \times 2 = 0.8 \cdots 0$$

$$0.8 \times 2 = 1.6 \cdots 1$$

④2進数 010111 の2の補数は $\boxed{101001}$ である。

$$101000 \cdots 反転する$$

$$+ \qquad 1 \cdots 1を加える$$

$$101001$$

⑤10進数の 183 および 0.34375 を2進数に変換するとそれぞれ $\boxed{①10110111}$ と $\boxed{②0.01011}$ となる。

①

128	64	32	16	8	4	2	1
1	0	1	1	0	1	1	1

$$183 - 128 = 55$$

$$55 - 32 = 23$$

$$23 - 16 = 7$$

②

$$0.34375 \times 2 = 0.6875 \cdots 0$$

$$0.6875 \times 2 = 1.375 \cdots 1$$

$$0.375 \times 2 = 0.75 \cdots 0$$

$$0.75 \times 2 = 1.5 \cdots 1$$

⑥8ビット演算において10進数で-13を2進数にすると

$\boxed{11110011}$ となる。

・**13 を 2 進数にする 0000 1101**

・**0000 1101 の 2 の補数を求めると 1111 0011**

⑦**2 進数 001101111.010101100 を 8 進数にすると**

$\boxed{157.254}$ となる。

小数点を基準にして，**3 桁ごとに区切って，次のように変換する。**

001	101	111	010	101	100
0+0+1	4+0+1	4+2+1	0+2+0	4+0+1	4+0+0
1	5	7●	2	5	4

⑧**8 進数 3746 を 2 進数にすると** $\boxed{011 \quad 111 \quad 100 \quad 110}$ となる。

8 進数の各桁を 3 ビットの 2 進数に変換する。

3	7	4	6
011	111	100	110

⑨**2 進数 0110　1111　1000　0111 を 16 進数にすると**

$\boxed{6F87}$ となる。

2 進数を 4 ビットずつに区切って変換する。

0110	1111	1000	0111
6	F	8	7

⑩**16 進数 AD56 を 2 進数にすると**

$\boxed{1010 \quad 1101 \quad 0101 \quad 0110}$ となる。

16 進数の各桁を 4 ビットの 2 進数に変換する。

0110	1111	1000	0111
6	F	8	7

⑪**8 進数 3746 を 16 進数に変換すると** $\boxed{7E6}$ となる。

　(ア)　**8 進数の各桁を 3 ビットの 2 進数に変換する。**

3	7	4	6
011	111	100	110

(ｲ)　変換された 2 進数を 4 ビットずつに区切って 16 進数に変換する。

0111	1110	0110
7	E	6

⑫16 進数 F3C8 を 8 進数に変換すると 171710 となる。

(ｱ)　16 進数の各桁を 4 ビットの 2 進数に変換する。

F	3	C	8
1111	0011	1100	1000

(ｲ)　変換された 2 進数を 3 ビットずつに区切って 8 進数に変換する。

001	111	001	111	001	000
1	7	1	7	1	0

⑬　2 進数 1001.101 を 10 進数に変換すると 9.625 となる。

(ｱ)　整数部分を 10 進数に変換する。

8+1＝9

(ｲ)　小数部分を 10 進数に変換する。

$$2^{-1}+2^{-3}=0.625$$

よって 9.625

⑭10 進数 15.75 を 2 進数にすると 1111.11 となる。

(ｱ)　整数部分 15 を 2 進数に変換する。

1111

(ｲ)0.75 を 2 進数に変換する。

132

$$0.75 \times 2 = 1.5 \cdots \cdots 1$$

$$0.5 \times 2 = 1.0 \cdots \cdots 1$$

$$0.75 = (0.11)_2$$

よって **1111.11**

⑮ 10 進数 -99 を 8 ビットの 2 進数にすると $\boxed{10011101}$ となる。

(ア) 99 を 8 ビットの 2 進数に変換する。

0110 0011

(イ) 2 の補数を求める。

1001 1101

⑯ 10 進数 365 を 2 進化 10 進数（BCD）で表すと
$\boxed{0011 \quad 0110 \quad 0101}$ となる。

10 進数の各桁を 4 ビットの 2 進数に変換する。

3	6	5
0011	0110	0101

⑰ 4 ビットで表せる数は $\boxed{-8}$ から $\boxed{7}$ までである。

先頭ビットを符号ビットとすれば，最大値は 2 進数で **0111** である。10 進
数では，**7** である。

最小値は 2 進数で **1000** である。10 進数では，**-8** である。

⑱ n ビットで表せる数は $\boxed{-2^{n-1}}$ から $\boxed{2^{n-1}-1}$ までである。

4 ビットで表せる数は

2 進数の正の最大値は先頭ビットが 0 なので **0111** である。

2 進数の負の最小値は先頭ビットが 1 なので **1000** である。

2 進数 0111 は +7

2 進数 1000 は -8 よって

$$-8 \sim 7$$

2 のべき乗を使用して表現すると

$$-2^3 \sim 2^{3-1}$$

4 ビットなので，4 で表現すると

$$-2^{4-1} \sim 2^{4-1}-1$$

よって，n ビットの場合は，4 を n に変えて $-2^{n-1} \sim 2^{n-1}-1$ となる。

答え（　$-2^{n-1} \sim 2^{n-1}-1$　）

⑲　A の 2 の補数 $\bar{A}$=1011 であり，E=1101 であるとき，E の 2 の補数 $\bar{E}$ と A の和を求めよ。

すなわち次の式を計算せよ（2 進数で答えよ）　$A+\bar{E}=$

【解】　A=0101, $\bar{E}$=0011　よって

$$0101$$
$$+0011$$
$$=1000$$

【答　1000　】

⑳　10 進数において 10 の補数を用いて減算が加算でできることを例をあげて説明せよ。

例　9-6＝3 について

$$9$$
$$+4$$
$$13$$

6 の 10 の補数は 4 である。

より 3 となる。

5-2 混合計算問題（シフト利用）解答

問題5-11 ①8進数と10進数の乗除算（シフト利用）解答

問題5-11 ①次の式を計算して2進数で求める簡単な方法は次のとおりである。
空欄に適語を入れなさい。

$(675)_8 \times (16)_{10} \div (4)_{10} =$

【解】8進数675を2進数に変換すると 110 111 101 となる。

6	7	5
110	111	101

10進数の16と4をべき乗で表現すると，10進数16は 2^4 であり，4は 2^2 である。よって，与式は次式のようになる。

$110111101 \times 2^4 \div 2^2$

110111101×2^4 は 110111101 を4ビット左に論理シフトするので次のようになる。

$110111101 \times 2^4 = 1101111010000$

$110111101 \times 2^4 \div 2^2$ は 1101111010000 を2ビット右に論理シフトする。
よって

$110111101 \times 2^4 \div 2^2 = 11011110100.00$ となる。

したがって空欄は次のようになる。

計算手順は，8進数の675を2進数に変換して，その値を左に4桁シフトし，
次に　右に2桁論理シフト　すればよい。

答え（11011110100 ）

問題 5-11 ②8 進数，16 進数，2 進数の乗除算（シフト利用）解答

② 次の式を計算して１６進数で答えなさい。

$$(3746)_8 \div (20)_{16} \times (100000)_2 =$$

【解】8 進数 3746 を 2 進数に変換する

	3	7	4	6
	011	111	100	110

16 進数 20 をべき乗にすると 2^5 であり，

2 進数 100000 をべき乗にすると 2^5 である。

したがって，与式は

$$11111100110 \div 2^5 \times 2^5$$

$11111100110 \div 2^5$ の式は，2 進数 11111100110 を 5 ビット右に論路シフトする。
よって，
$11111100110 \div 2^5 = 111111.00110$
となる。
$11111100110 \div 2^5 \times 2^5$ の式は，2 進数 111111.00110 を 5 ビット左に論理シフトする。
よって 11111100110 となる。

答え（ 11111100110 ）

問題 5-11 ③16 進数と 10 進数の乗除算（シフト利用）解答

③ 次の式を計算して１６進数で答えなさい。

$$(A5C)_{16} \div (10)_{16} \times (5)_{10} =$$

【解】 16 進数 A5C を 2 進数にする。

	A	5	C
	1010	0101	1100

16 進数 10 は 10 進数で 1×16^1 であり，べき乗にすると 2^4 となる。

$5 = 2^2 + 1$

である。

よって，与式は

$101001011100 \div 2^4 \times (2^2 + 1) =$

となる。

ここで $101001011100 \div 2^4 = X$ とおくと与式は，

$X \times (2^2 + 1)$

となる。

この式は，$X \times 2^2 + X$

である。

X は，2進数 101001011100 を 4 ビット右に論理シフトすればよいので

$X = 10100101.1100$

となる。

つまり，X を 2 ビット左に論理シフトして，X を加算すればよいことが分かる。

$X \times 2^2 = 1010010111$

であるから

$$
\begin{array}{r}
X \times 2^2 = 1010010111 \\
+ \quad X = \quad 10100101.11 \\
\hline
1100111100.11
\end{array}
$$

したがって，計算結果を 2 進数で表すと 1100111100.11 となる。

2進数 1100111100.11 を 16進数にするには，小数点を基準にして，4桁ごとに区切って，16進数にする。

$$
\begin{array}{c|c|c|c}
0011 & 0011 & 1100 & 1100 \\
3 & 3 & C & C
\end{array}
$$

よって，16進数は，$33C.C$ である。

問題 5-11　④2進数の加減乗除

問題 5-11　④A, Bがそれぞれ$(01110100)_2$, $(00010000)_2$であるとき，次の計算をして16進数で答えなさい。

(ア)　$(A-B)\times(2)_{10}+(A+B)\div(4)_{10}=$

$$
\begin{array}{r}
A=01110100 \\
-B=00010000 \\
\hline
01100100
\end{array}
$$

$(A-B)\times(2)_{10}$は$(A-B)=01100100$を1ビット左に論理シフトすればよいので

$(A-B)\times(2)_{10}=11001000$

$$
\begin{array}{r}
A=01110100 \\
+B=00010000 \\
\hline
10000100
\end{array}
$$

$(A+B)\div(4)_{10}$はA+B)$=10000100$を2ビット右に論理シフトすればよいので

$(A+B)\div(4)_{10}=100001$

したがって

$$
\begin{array}{r}
(A-B)\times(2)_{10}=11001000 \\
+(A+B)\div(4)_{10}=100001 \\
\hline
11101001
\end{array}
$$

$(A-B)\times(2)_{10}+(A+B)\div(4)_{10}=(1110\ 1001)_2$

2進数1110 1001を4桁ごとに区切って16進数にする。

	1110	1001	
	8+4+2	8+1	
	E	9	

答え （　E9　）

(ロ) $(A \times B) \div (8)_{10} =$

$B = (00010000)_2 = 2^4$, $(8)_{10} = 2^3$

$(A \times B) = 01110100 \times 2^4$ は 01110100 を４ビット左に論理シフトすればよいの

で $(A \times B) = 11101000000$ となる。

$(A \times B) \div (8)_{10} = 11101000000 \div (8)_{10}$

$\qquad = 11101000000 \div 2^3$

は 11101000000 を３ビット右に論理シフトすればよい。11101000.000

$(A \times B) \div (8)_{10} = 11101000$

２進数 1110 1000 を４桁ごとに区切って１６進数にする。

	1110	1000	
	8+4+2	8	
	E	8	

答え （　E8　）

5-3 基本情報技術者試験問題解答

問題 5-12 浮動小数点問題基本解答

実数 a を $a = f \times r^e$ と表す浮動小数点表記に関する記述として，適切なものはどれか。

ア f を仮数，e を指数，r を基数という。

イ f を基数，e を仮数，r を指数という。

ウ f を基数，e を指数，r を仮数という。

エ f を指数，e を基数，r を仮数という。

答え（ ア ）

問題 5-13 浮動小数点形式 2 進数表示解答

数値を図に示す 16 ビットの浮動小数点形式で表すとき，10 進数 0.25 を正規化した表現はどれか。ここでの正規化は，仮数部の最上位けたが 0 にならないように指数部と仮数部を調節する操作とする。

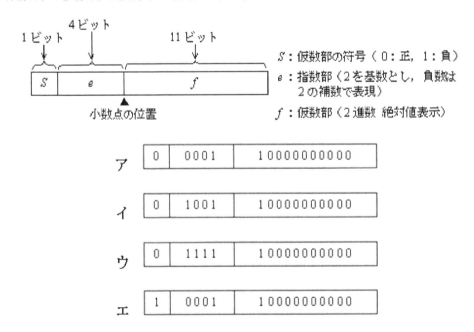

【解】

0.25 を１０進数に変換する

$$0.25 \times 2 = 0.5 \cdot \cdots \cdot 0$$
$$0.5 \times 2 = 1.0 \cdot \cdots \cdot 1$$
$$0$$

10 進数 0.25 は 2 進数で 0.01 となる。

0.01 を正規化すると，次のようになる。

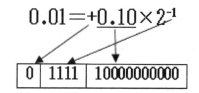

$$0.01 = +0.10 \times 2^{-1}$$

| 0 | 1111 | 10000000000 |

答え　（　ウ　）

問題 5-14　補数問題解答

多くのコンピュータが，演算回路を簡単にするために補数を用いている理由はどれか。

ア　加算を減算で処理できる。

イ　減算を加算で処理できる。

ウ　乗算を加算の組合せで処理できる。

エ　除算を減算の組合せで処理できる。

【解】補数を求める方法は次の手順で求められる。

①　1 の補数すなわち 1 と 0 を反転する。

ハードウエアでは NOT 回路（否定回路）を通過させるだけで済む。

②　1 を加える。

ハードウエアでは，加算回路で簡単に実現できる。

　減算回路をコンピュータ組み込むには素子を多く使用して，対価が高くつくが，補数を使用すれば，加算回路のみで安価で簡単に減算ができる。

【答　イ】

問題 5-15　浮動小数点問題 16 進数表示解答

問題 5-15 数値を 32 ビットの浮動小数点形式で表す。指数部は 2 を基数とし，負数は 2 の補数で表現する。

10 進数 0.375 をこの 2 を基数とした浮動小数点形式で正規化したものはどれか。ただし，結果は 16 進数で表現するものとする。符号部 1 ビット，指数部 7 ビット，仮数部 24 ビットとする。

ア　01C00000　　　　イ　41C00000　　　ウ　7FC00000　　　　エ　81C00000

【解】　10 進数 0.375 を 2 進数に変換する。

$$0.375 \times 2 = 0.75 \cdots\cdots 0$$
$$0.75 \times 2 = 1.5 \cdots\cdots 1$$
$$0.5 \times 2 = 1.0 \cdots\cdots 1$$
$$0$$

したがって，10 進数 0.375 は 2 進数では 0.011 となる。

2 進数 0.011 を正規化すると次のようになる

$$(0.011)_2 = 0.11 \times 2^{-1}$$

0111	1111	1100	0000	0000	0000	0000	0000
7	F	C	0	0	0	0	0

符号部 0　　指数部 -1 = 1111111　　仮数部 110000000000000000000000

答え（ 7FC00000)$_{16}$

【答　ウ】

問題 5-16　浮動小数点形式最大値解答

問題 5-16　次の 24 ビットの浮動小数点形式で表現できる最大値を表すビット列を，16 進数として表したものはどれか。　ここで，この形式で表現される値は $(-1)^S \times 16^{E-64} \times 0.M$ である。

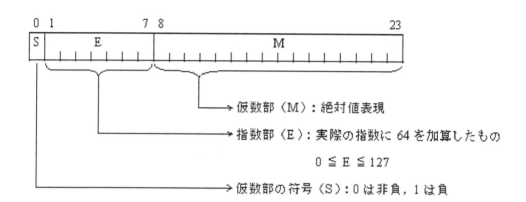

	ア　3FFFFF	イ　7FFFFF	ウ　BFFFFF	エ　FFFFFF

【答　イ】

【解】　一番左のビットは、仮数部の符号なので、0になる。

　　次の7ビットが指数部で最大値は、すべて1の場合である。

　　右の 16 ビットが仮数部で絶対値表現となっているので、最大値は、すべて1の場合である。　よって、最大値は、一番左のビットが0で残りが1となる。

問題 5-17　浮動小数点形式有効桁解答

問題 5-17 浮動小数点形式で表現される数値の演算において，有効けた数が大きく減少するものはどれか。

ア　絶対値がほぼ等しく，同符号である数値の加算

イ　絶対値がほぼ等しく，同符号である数値の減算

ウ　絶対値の大きな数と絶対値の小さな数の加算

エ　絶対値の大きな数と絶対値の小さな数の減算

【答　イ】

【解説】浮動小数点数の演算では、「絶対値がほぼ等しく，同符号である数値の減算」では、数値の有効けた数が大きく減少する。これを「けた落ち」とよぶ。たとえば、2つの数を **1.234** と **1.233** とすると **1.234** − **1.233** = **0.001** となり、有効けた数が1けたになる。

問題 5-18　浮動小数点形式マスクビット解答

問題 5-18　IEEE754（1985）標準では，**32** ビットの浮動小数点を次の形式で表現する。

S	E（8 ビット）	M（23 ビット）

S:符号 1 ビット　　　E:指数部　8 ビット　　　M：仮数部　23 ビット

この指数部を取り出すためのマスクビットを，**16** 進数表現したものはどれか，ここでマスクビットとは，必要な情報を取り出すためにビットごとの **AND** 演算を行う際に使うビットパターンのことである。

ア　0FF00000　　　　イ　7F800000　　　　ウ　FF000000　　　　エ　FF800000

【解】

符号ビット部分のみ **1** にして **AND** をとれば，符号部分が取り出せる。これがマスクビットである。

マスクビット

$$(0111\ 1111\ 1000\ 0000\ 0000\ 0000\ 0000\ 0000)_2$$
$$=(7F800000)_{16}$$

【答　イ】

問題 5-19 小数を含んだ 16 進数を分数表示解答

16 進小数 **3A . 5C** を **10** 進数の分数で表したものはどれか。

$$\text{ア} \quad \frac{939}{16} \qquad \text{イ} \quad \frac{3735}{64} \qquad \text{ウ} \quad \frac{14939}{256} \qquad \text{エ} \quad \frac{14941}{256}$$

【解】左から各桁の位が 16^1 , 16^0 となるので

$$16^1 \quad 16^0 \; . \; 16^{-1} \quad 16^{-2}$$

$$3 \quad A \quad 5 \quad C$$

$$3 \times 16^1 + 10 \times 16^0 + 5 \times 16^{-1} + 12 \times 16^{-2}$$

$$= 48 + 10 + \frac{5}{16} + \frac{12}{256} = \frac{3735}{64}$$

答え（ イ ）

問題 5-20　小数を含んだ 16 進数を 2 のべき乗表示

16 進小数 2A.4C と等しいものはどれか。

ア $2^5 + 2^3 + 2^1 + 2^{-2} + 2^{-5} + 2^{-6}$ 　　イ $2^5 + 2^3 + 2^1 + 2^{-1} + 2^{-4} + 2^{-5}$

ウ $2^6 + 2^4 + 2^2 + 2^{-2} + 2^{-5} + 2^{-6}$ 　　エ $2^6 + 2^4 + 2^2 + 2^{-1} + 2^{-4} + 2^{-5}$

【解】16 進数の各桁を 4 ビットの 2 進数に変換する。

2	A	4	C
0010	1010	0100	1100

したがって，16 進数 2A.4C は 2 進数で 00101010.01001100 となる。

よって，$2^5 + 2^3 + 2^1 + 2^{-2} + 2^{-5} + 2^{-6}$

答え（ ア ）

問題 5-21　2 の補数の絶対値

問題 5-21　2 の補数で表された負数 **10101110** の絶対値はどれか。

　　ア　**01010000**　　イ　**01010001**　　ウ　**01010010**　　エ　**01010011**

【解】負数 **10101110** の 2 の補数を求める。

　　裏技を使用して **01010010** が補数である。よって，ウとなる。

答え（　ウ　）

問題 5-22　分数を 16 進小数で表現

問題 **5-22**　10 進数の分数 $\dfrac{1}{32}$ を 16 進数の小数で表したものはどれか。

ア　**0.01**　　　イ　**0.02**　　　ウ　**0.05**　　　エ　**0.08**

【解】$\dfrac{1}{32}$ =**2^{-5}=(0.00001)$_2$**

2 進数 0.00001 を小数点を基準にして 4 桁ごとに区切って 16 進数にする。4 桁
に足らないところは 0 を付加する。

	0	0000	1000
		0	8

　したがって，答えは，**0.08** となる。

答え（　エ　）

問題 5-23　2 の補数表現

問題 **5-23**　負数を 2 の補数で表すとき，すべてのビットが 1 である n ビットの 2
進数 "**1111...11**" が表す数値又はその数式はどれか。

ア　－（2^{n-1}－1）　　イ　－1　　ウ　0　　エ　2^n－1

【解】例として 8 ビットで試みると

1111 1111

の 2 の補数を求める。

①反転する　0000 0000

②1 を加える。0000 0000+1=1　したがって，1111 1111 は-1 である。

答え（　イ　）

問題 5-24　シフト操作

問題 5-24　数値を 2 進数で表すレジスタがある。このレジスタに格納されている正の整数 x を 10 倍する操作はどれか。ここで，シフトによるけたあふれは，起こらないものとする。

ア　x を 2 ビット左にシフトした値に x を加算し，更に 1 ビット左にシフトする。

イ　x を 2 ビット左にシフトした値に x を加算し，更に 2 ビット左にシフトする。

ウ　x を 3 ビット左にシフトした値と，x を 2 ビット左にシフトした値を加算する。

エ　x を 3 ビット左にシフトした値に x を加算し，更に 1 ビット左にシフトする。

【解】X を 10 倍する操作を式で表現すると次のようになる

X×10=X・（2×5）

=X・（2×（2^2+1））

=2×（X・2^2+X）

X・2^2+X について操作を考えると X を 2^2 しているので X を左に 2 ビットシフトして X を加算している。2×（X・2^2+X）この式は，さらに 2 倍しているので，1 ビット左にシフトする。よって答えはアとなる。

答え（　ア　）

問題 5-25　16 進小数を 10 進数に変換

問題 5-25　16 進小数 0.C を 10 進小数に変換したものはどれか。

ア　0.12　　　イ　0.55　　　ウ　0.75　　　エ　0.84

【解】左から各桁の位が 16^{-1},16^{-2} となるので

$$16^{-1} \quad 16^{-2}$$

$$0. \quad C \quad 0$$

$$12 \times 16^{-1} = \frac{12}{16} = \frac{3}{4} = 0.75$$

となる。

答え（　ウ　）

問題 5-26　非負の 2 進数を 3 倍

問題 5-26　非負の 2 進数 $b_1 b_2 ... b_n$ を 3 倍したものはどれか。

ア　$b_1 b_2 ... b_n 0 + b_1 b_2 ... b_n$

イ　$b_1 b_2 ... b_n 00 - 1$

ウ　$b_1 b_2 ... b_n 000$

エ　$b_1 b_2 ... b_n 1$

【解】$X = b_1 b_2 ... b_n$ を 3 倍する操作を式で表現する。

$X \times 3 = X \times (2+1)$

$\qquad = 2 \cdot X + X$

これは，X を 2 倍して X を加算している。

つまり，X を 1 ビット左にシフトして X を加算する。

X を 1 ビット左にシフトすると $b_1 b_2 ... b_n 0$ となる。よって答えは

$b_1 b_2 ... b_n 0 + b_1 b_2 ... b_n$

となる。

答え（ ア ）

第6章　問題解答

磁気ディスク計算

問題6-1　10 レコード／ブロックで記録（基本情報技術者試験出題問題）解答

問題6-1　表の仕様の磁気ディスク装置に，1 レコード 200 バイトのレコード 10 万件を 順編成で記録したい。 10 レコードを1ブロックとして記録するときに必要なシリンダ数は幾つか。 ここで，一つのブロックは複数のセクタにまたがってもよいが， 最後のセクタで余った部分は利用されない。

トラック数／シリンダ	19
セクタ数／トラック	40
バイト数／セクタ	256

　　ア　103　　　　　イ　105　　　　　ウ　106　　　　エ　132

【解】

1ブロックのバイト数は

10×200=2000 B

1トラックのバイト数は

40×256=10240 B

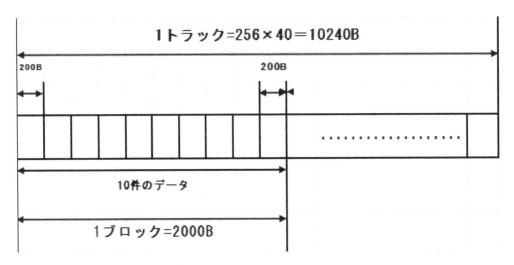

1トラックに入るブロック数は

10240÷2000=5.12

小数は切り捨てて5ブロックになる。

1ブロックに10件記録できるので，1トラックには

5×10=50　件

記録できる。よって，10万件記録するトラック数は

100000÷50=2000　トラック

2000トラックをシリンダ数にするには

2000÷19=105.2

小数点は切上げて，106　シリンダ

答え（　ウ　）

問題6-2　平均アクセス時間（**基本情報技術者試験出題問題**）解答

問題6-2　ハードディスクの回転速度が5000回転／分，記憶容量が15000B/トラック，平均シーク時間が20m sであるとき，4000バイトのデータを1ブロック転送するために必要な平均アクセス時間は何ミリ秒になるか。次の手順で求めよ。

ア　27.6　　　　　　イ　29.2　　　　　　ウ　33.6　　　　　　エ　35.2

①平均サーチ時間を求めよ。

②データ転送時間を求めよ。

③平均アクセス時間を求めよ。

【解】

① 1回転する時間は

$60÷5000=0.012$ s=12 ms

最大待ち時間=12 ms

最小待ち時間=0 ms

平均回転待ち時間=（12+0）÷2=6 ms

② 解】データ転送時間は

$$12 \text{ ms} \times \frac{4000}{15000} = 3.2 \text{ ms}$$

答え（　3.2 ms　）

【解】平均アクセス時間は

平均アクセス時間＝平均シーク時間+平均回転待ち時間+データ転送時間

$$=20+ 6 + 3.2 = 29.2 \text{ms}$$

答え（　イ　）

第7章　問題解答

IPアドレス計算

問題7−1　クラスCのIPアドレス（基本情報技術者試験出題問題）解答

クラスCのIPアドレスで，サブネットマスクを **255.255.255.252** としたとき，使用できるホスト数は幾つか。

ア **1**　　　イ **2**　　　ウ **3**　　　エ **4**

【解】

252 を2進数にすると **1111 1100** である。

ホストアドレス部は **2** ビットなので，2^2 の数あるが，ネットワークアドレスとブロードキャストアドレスの2つを除かなければならない。

よって $2^2-2=2$

【答　イ】

問題 7-2　クラス C の IP アドレス・ホストの数解答

問1　TCP/IP のネットワーク **192.168.30.0** のサブネットマスク **255.255.255.192** のサブネットに分割する。このネットワーク全体では最大いくつのホストアドレスを割り当てることができるか．次の手順で求めよ．

【解】

(1)サブネットマスクを 2 進数に変換する．

    11111111 11111111 11111111 11000000

(2) 1 つのネットワークにホストは何台収容できるか．

$$2^6-2=62$$

(3)サブネットワークは何個できるか．

$$2^2=4$$

(4)全体の割り当て可能なホストアドレスは最大いくつになるか．

    62×4=248

答え（　２４８　）

第 8 章　問題解答

問題 8-1　MIPS からの平均命令実行時間（基本情報技術者試験出題）解答

問題 8-1　50 MIPS のプロセッサの平均命令実行時間は幾らか。

ア　20 ナノ秒　　　　　　　イ　50 ナノ秒

ウ　2 マイクロ秒　　　　　　エ　5 マイクロ秒

【解】

1 MIPS とは、1 秒間に $1×10^6$ の命令を実行

50 MIPS とは、 1秒間に 50×10^6 の命令を実行

1平均命令実行時間を x 秒とすれば次式の比の式になる。

50×10^6 命令 : 1秒＝1平均命令 : x 秒

よって、 1命令にかかる時間 x 秒＝ $1 \div (50 \times 10^6)$ 秒

＝ 20×10^{-9} 秒＝ 20 ナノ秒

答え（ ア ）

問題 8-2　クロック周波数 700MHz の CPU 評価（基本情報技術者試験出題）解答

問題 8-2　動作クロック周波数が 700 MHz の CPU で，命令の実行に必要なクロック数とその命令の出現率が表に示す値である場合，この CPU の性能は約何 MIPS か。

命令の種別	命令実行に必要なクロック数	出現率（%）
レジスタ間演算	4	30
メモリ・レジスタ間演算	8	60
無条件分岐	10	10

　ア　10　　　　　イ　50　　　　　ウ　70　　　　　エ　100

【解】

MIPS（ Million Instructions Per Second ）は、 1秒間に平均何百万回の命令を実行できるかを表す数値である。

表のようなクロック数と命令の出現率の場合、 1命令を実行するのに必要なクロック数は、以下のようになる。

$4 \times 0.3 + 8 \times 0.6 + 10 \times 0.1 = 7$

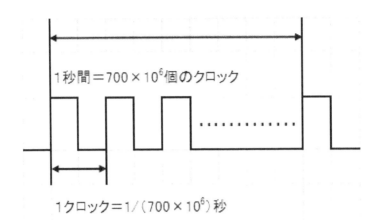

1クロック＝1/(700×10⁶)秒

クロック周波数が 700MHｚ なので，１クロックの波長の長さはその逆数になり，

$1/(700 \times 10^6)$秒となる。

よって１命令の実行時間は**7**クロックなので，

１命令実行時間＝$7 \times 1/(700 \times 10^6)$秒＝$1 \times 10^{-8}$ 秒

１秒間で**x**命令実行できるとすれば，次の比の式になる

１命令：1×10^{-8}秒＝ **x** 命令：１秒

$x = 1/(1 \times 10^{-8}) = 100 \times 10^6$

よって，１秒間に実行できる平均命令数は、100MIPS となる。

答え（　エ　）

索引

1

2

8

B

C

I

草野　泰秀（くさの　やすひで）

URL：http://www2s.biglobe.ne.jp/~y-kusano/

1　略歴

1976 年　岡山大学大学院工学研究科電子工学修了

1982 年　岡山県情報処理教育センター　指導主事

2003 年　岡山県立玉野光南高等学校情報科新設情報科長，情報管理室長を歴任後

2011 年　岡山理科大学非常勤講師，高知工科大学非常勤講師等　現在に至る

2　著書

・**N-BASIC** １００％活用法　　技術評論社

・Ｎ－６０ルンルンＢＡＳＩＣ　技術評論社

・教科書「電子技術」　実教出版　編集協力

・だれにでも手軽に EXCEL でできる VBA プログラミング　amazon.co.jp　kindle 版

・だれにでも手軽に EXCEL でできる VBA プログラミング　CreateSpace 社　書籍版

・だれにでも手軽に EXCEL でできる VBA プログラミング問題解説 amazon.co.jp　kindle 版

・だれにでも手軽に EXCEL でできる VBA プログラミング問題解説 CreateSpace 社　書籍版

・JavaScript 入門　対話型・動的ホームページ作成例題集　kindle 版

・JavaScript 入門　対話型・動的ホームページ作成例題集　CreateSpace 社　書籍版

・PHP 入門　Web アプリケーション作成例題集　kindle 版

・PHP 入門　Web アプリケーション作成例題集　CreateSpace 社　書籍版

・Scrach 入門　親子で楽しんで作るプログラミング教本の例題と解説　kindle 版

・Scrach 入門　親子で楽しんで作るプログラミング教本の例題と解説　CreateSpace 社　書籍版

3 資格取得等

・第1種情報処理技術者試験（現応用技術者試験）

・第2種情報処理技術者試験（現基本情報技術者試験）

MOUS (Microsoft Office User Specialist)

Official Certificate of Achievement Microsoft Office User Specialist

Microsoft Excel 97 Proficient

4 Vector に登録している開発ソフト等 8 本

●バイオリズム診断，●バイオリズム相性診断，●KCAI，●年齢計算，●時間だよ，

●CASL2 シミュレータ，●糖塩分カロリー管理，●食事管理カロリー計算

5 YouTube への登録

22yassan のチャンネルで 70 本の動画をアップしている

精解演習
進数計算

コンピュータ内部のデータ表現・演算

のすべてが分かる演習問題解説書

2016 年 6 月 17 日　　　初版

2016 年 6 月 18 日　　　第 2 版

2016 年 6 月 22 日　　　第 3 版

草野　　泰秀　著

www.ingramcontent.com/pod-product-compliance
Lightning Source LLC
Chambersburg PA
CBHW080418060326
40689CB00019B/4292